기검체일치의 검도본

기검체일치의 검도본

검도 범사 8단

이 종 원

가나북스

머리말

2019년 검도본 대회를 한국에서는 처음으로 서울 용산고등학교에서 개최하였다. 계속해서 대회를 개최하려 하였으나 2020년 검도본 대회는 세계적인 팬데믹 COVID19로 인하여 부득이 연기하게 되었다. 금년 2021년에는 하반기에나 본 대회 개최를 기대하고 있는 어려운 상황가운데 필자는 검도인의 사명감 하나로 본서를 발간하게 되었다.

검(劍)에 정통했다고 전해지는 장자(莊子)는 세상의 원리에서 가장 중요한 화두는 화리(和理), 즉 조화(調和)와 이치(理致)라고 했는데, 검도본에서도 선후도의 조화와 칼의 이치(劍理)가 가장 중요하다. 여기에 몇 가지를 더 보태자면 정신적 차원인 기세, 기위, 존심과 선(先)의 마음이라 생각한다.

국내에서 언제부터 검도본이 행하였는지는 불확실하지만 1954년부터 대한검도회의 심사과목으로 기록되어 있으니 70년 가까운 역사를 가지고 있는 셈이다. 그 사이 검도인구는 70여 만 명으로 크게 늘었고 검도본이나 실기의 수준도 크게 향상 되었다. 하지만 검도인들이 도서관이나 서점에서 쉽게 접할 수 있는 검도본 서적은 아직 발간되지 못한 실정이었다.

운동 재능이 부족한 필자는 우보만리(牛步萬里)를 걸어 검도인의 선망인 범사 8단의 영광을 누리고 있지만, 막상 우리 검도발전을 위해 별로 한 일이 없는 것 같아 부끄러울 뿐이다. 무얼 할 수 있을까? 정년퇴임 후 우리나라 검도발전에 조금이라도 보탤 방법을 찾다 보니 검도본 서적 출간이야말로 바로 필자가 할 수 있는 영역이라는 생각이 들었다.

필자는 대학교수로서 평생 연구와 출판에 종사하였으므로 책을 내는 일에는 전혀 생소하지 않았다. 교수 정년 후 몇 년 간의 자료수집과 정리기간을 거쳐 지난 2년 동

안 집중적으로 집필하였으며 이제 칠순을 지나 이 책을 세상에 내 놓는다. 바라 건데, 이 검도본이 검도인을 비롯한 관심 있는 모두에게 유익한 교본이 될 것으로 기대한다.

무엇보다 선행연구를 해 주신 선배 제현과 필자에게 검도본을 가르쳐 주신 선생님과 선배님들에게 진심으로 감사드리고 아울러 본을 함께 연무해 준 및 동료들에게도 고맙게 생각한다. 선생님들에게 검도본을 배우고 그들의 저술을 공부하고 동료들과 함께 연무하며 배우고 익힌 덕분에 감히 본서의 발간에 도전하게 되었다.

자료수집의 과정에서는 한국뿐 아니라 외국 지인들의 도움 또한 큰 힘이 되었다. 서툰 일본어를 기꺼이 도와준 분들에게도 감사한다. 실제 연무과정에서 많은 분들의 조언을 참고했으며, 어려운 촬영 또한 큰 도전이었다. 본서에서는 사제(師弟)연무의 모델을 택했다. 초보자들에게 칼로 하는 검도본이 어려운 점을 감안하여 새로 죽도본을 창안하여 검도본 입문과정으로 삼았다. 또 다른 책들과 차별화하기 위해 사진 외에도 그림과 일러스트레이션을 많이 사용하여 독자들의 이해를 높이기 위해 노력하였다.

본서는 5개의 부와 부록으로 구성되었다. 제1, 2부에서 이론과 실기를 공부한 후, 제3부는 심사와 심판을 위하여, 그리고 4, 5부는 고단자들을 위한 토론의 장으로 마련하였다. 끝으로 부록에서는 검도본이 초보자들에게는 난해하다는 점에 착안하여 유급자들을 위한 간단한 죽도본을 창안하여 실었다.

무엇보다 감사한 것은 출판, 문화 인생의 외길로 정진해오다 그 공을 인정받아 백년가게로 선정된 가나북스(대표 배수현)에서 흔쾌히 맡아주셔서 두 번째 책을 발행하게 되어 검도인으로서 자부심과 감사함을 금할 길이 없다.

끝으로, 이 책은 어느 개인의 작품이라기보다 많은 검도인의 합작품에 가깝다. 이렇게 국내외 많은 분들의 도움을 받았음에도 불구하고 오류나 범실이 있다면 전적으로 필자의 몫임을 밝히며, 이 책이 70만 검도인들과 우리 대한민국 국민 모두의 건강증진에 기여하게 되는 유익한 검도본 교재가 되기를 원한다.

이 종 원 배

목차

제1부

검도본에 대하여

1. 도검과 격검의 역사

기원전 3,500년 전 메소포타미아에서 청동검이 만들어지기 시작했으며, 이어 황하문명과 고조선에서도 청동검이 사용되었다. 환두대도는 중앙아시아로부터 전해졌으며 고조선지역뿐만 아니라 삼한지역에서도 발견되었으며, 소환두대도나 철검 등이 실제 전투에서 사용되었을 것으로 본다(김기웅, 무기와 화약, 1977, 교양국사총서). 이후 3국 중 백제나 가야지역에서 목검이 발견되었으며, 그 중 신라의 금관총, 금령총에서 출토된 은장삼환두 목도는 수련용이라고 보아도 무리가 없을 것 같다. 이는 당시 신라의 화랑과 그들의 격검사실과도 부합될 수 있기 때문이다. 격검의 역사는 기원전 약 1,500년 이집트에서 시작되었으며 당시의 목도 또한 보존되어 있다(이종림, 「검도회보」, 2018년, 겨울호 통권118호, 대한검도회).

이러한 이집트의 격검은 경로는 불분명하지만 그리스, 로마를 거쳐 프랑스에서 '펜싱(Fencing)'의 형태로 스포츠화 되었으며, 이탈리아, 스페인, 프랑스 등 국가에서는 오늘날까지 고류형(古流形)의 격검을 보전연구하고 있다. 동양에서의 격검은 중국, 한국을 거쳐 일본에서 스포츠화 되어 '검도'라는 스포츠 종목으로 자리 잡았으며 한중일 3국은 각 나라의 고류형 격검을 보존개발하고 있다.

우리나라의 본국검이나 조선세법 그리고 일본의 거합도가 주로 혼자 수련하는 형태인 반면, 2인1조의 겨루기인 검도본은 19세기 말 일본에서 개발되었다. 이탈리아에도 이와 유사한 2인1조의 겨루기가 있으며, 일본과 유사한 형태의 팔방 베기 도법도 있으나 두 나라 검법의 상호연관성은 현재로서는 알 길이 없다.

아주 먼 옛날의 돌칼부터 청동검, 철제 검의 형태나 격검의 형태에 있어 동서양의 닮은 점이 많지만, 이는 각각의 필요에 따라 자생적으로 개발된 것으로 짐작된다. 한편 인근 국가의 경우 상호영향을 미치며 발달한 것으로 사료되나, 아직 그 인과관계나 전이과정이 불분명한 실정이다. 따라서 각 나라는 자국이 유리한 쪽으로 주장하고 있으나, 추후 보다 발달한 과학적 기법이 개발되면 그 역사적 진실이 드러날 것으로 기대한다.

2. 검도본의 약사

검도본은 1886년 일본 경시청에서 처음으로 여러 유파의 형을 통합하여 새로운 형 대도 10본을 경시청류격검형이라고 칭하며 비롯되었다. 1906년 일본 무덕회가 무덕회류 검술형(천지인, 상중하단)을 제정 시행했으며, 1912년에는 국가차원에서 고류형(古流形)을 종합하여 오늘의 형태를 제정하게 되었다. 1917년에 일부 개정하였으며, 1933년에 오늘의 형태를 확정하여 이를 원본(原本)이라고 부른다. 1945년 일본이 연합국에 패망하면서 대일본제국검도형의 명칭이 일본검도형으로 개칭되었으며, 그 후 해설서 원본은 그대로이지만 강습회 자료는 수차례에 걸쳐 개정보완 되었다. 2019년 현재에도 검도본 개정을 위한 다양한 논의가 진행되고 있다.

3. 검도본의 의의

오늘날의 스포츠 검도(죽도와 호구 사용)는 실전 경험으로부터 유래되었지만, 스포츠로 발전되는 과정에서 진검의 원리가 등한시 되는 경향이 있었다. 이러한 문제점을 개선하기 위해서 온고지신(溫故知新)의 정신으로 검도본은 수련한다면 검리(劍理)에 충실하면서도 품위 있는 검도를 수련할 수 있게 될 것이다.

검도본은 과거 실전 경험을 통해 터득된 가장 기본적인 중요한 검도기술을 대도 7본과 소도 3본으로 정립한 것으로, 검도의 기능향상은 물론 검도의 기본자세를 익힐 수 있으며 나아가 정신력 강화에 도움이 된다. 오늘날 검도는 경기의 승부만을 중시하는 경향이 있으므로 검도경기와 병행하여 검도본을 연습하는 것이 바람직하다. 검기(劍技)가 숙달됨에 따라 본의 묘미도 심도있게 이해되고, 이는 다시 검도의 기능향상을 가져오는 선순환적 관계에 있기때문이다.

검도본에서는 정신적 측면의 기세와 기위가 중요하며, 이러한 것들은 다년간의 검도수련을 통해 안으로 축적되는 내공(內功)이며, 이러한 내면의 강함이 밖으로 표출되어 나타나는 것이므로 검도수련의 바탕없이 검도본을 잘 할 수 없다. 필자의 생각에는 각자 자기의 검도수준에 따라 그에 맞는 검도본을 하는 것처럼 보인다. 그러므로 검도본을 잘 하려면 우선 검도를 바르게 열심히 잘해야 된다. 그리고 검도본을 늘 수련하면 검도 또한 더 잘할 수 있게 된다. 즉, 검도를 잘 하면 검도본을 잘 할 수 있고, 또 검도본 수련을 통해 자기의 검도수준도 더 높일 수 있게 되므로 이 둘은 상호 상승효과가 있는 것으로 보인다.

4. 검도본 수련의 효과

죽도로 경기를 하는 검도인들의 최대 약점은 맞지 않고 상대를 쳐 이기려고 하는데 있다. 이를 위하여 나쁜 자세로 막으며 물러나게 되고 칼날 방향이 삐뚤어지기도 한다. 이러한 행위는 검리(劍理)에 어긋날 뿐만 아니라 경기 및 심판규칙에도 위배된다. 이와 같은 스포츠검도의 한계는 검도본을 행함으로써 보완할 수 있으며, 본의 수련과 함께 칼의 이치 즉 검리를 자연스럽게 터득할 수 있게 된다. 검리 중 가장 중요한 것은 칼날의 방향이며, 그 다음은 격자부와 격자부위 그리고 거리이다.

검도본은 호구를 착용하지 않고 정해진 약속에 따라 상호 협조적으로 실행됨으로 신체적이나 심리적인 구속이 없으므로 자연스럽고 정확하게 그리고 민첩하게 할 수 있다. 경기 중에는 상대의 공격을 피하고 가능한 빨리 격자해야 되므로 적절한 자세와 거리를 유지하기란 쉽지 않다. 그러나 검도본에서는 항상 정확한 거리에서 바른자세로 격자함으로써 검도본 수련을 통해 바른 검도를 익힐 수 있다.

기타 수련의 효과를 정리하면 다음과 같다.

1) 당당한 기세(정신적 우월감)와 다섯 가지의 자세(중단, 좌우상단, 하단, 어깨칼, 허리칼)를 배운다.
2) 시선접촉을 유지하므로 상대의 공격의도와 동작을 관찰하는 능력이 배양된다.
3) 정확한 손 매무새와 손목작용(특히 왼손)을 익힐 수 있다.

4) 기민한 순간동작(특히 칼을 빼거나 스칠 때)과 크고 바른 정확한 격자를 체득한다.

5) 선도, 후도는 기회를 보아 공격과 반격을 함으로써 올바른 기회를 이해할 수 있다.

6) 선도는 선생으로서 leadership을, 후도는 제자로서 followership을 익힌다.

7) 신체적 행위를 넘는 정신적 멋을 추구하는 과정에서 기위(氣位)가 높아지고 기품(氣品)을 갖춘다.

8) 기술상의 악습을 개선하고 올바른 기술을 체화한다.

9) 올바른 단전호흡을 통해 기합과 발성이 충실해진다.

10) 올바른 예법을 통해 상대를 존중하게 되며 검도의 선의지(善意志)를 배양한다.

5. 검도본 수련 시 지켜야 할 원칙과 예의

가. 지켜야 할 원칙

오늘날 죽도검도를 하는 사람들은 작고 빠르게 밀어치는 손목이나 머리기술에 익숙해져 있으나, 옛날부터 진검의 기술은 호를 크게 그리며 베는 기술이다. 따라서 검도본은 직선운동이 아니라 원운동에 의해 행해져야 하며, 벨 때는 오른손은 밀고 왼손을 당기며 차수건 짜듯이 가볍게 안으로 손목을 조여 줘야한다. 찌름은 왼손을 거의 수평 앞으로 쭉 내밀며 오른손으로 차수건 짜듯이 안으로 가볍게 잡으면서 마무리한다. 검도본을 할 때는 무엇보다 먼저 죽도를 쓰던 습관을 버리고 검리에 맞게 칼을 써야 한다.

이외 중요한 검도본 수련의 원칙은 다음과 같다.

1) 선도 후도의 역할

선도는 선생의 위치에서 기세로 후도는 제자의 입장에서 기술로 검도본을 행한다.

선도는 모든 동작을 먼저 일으키며 후도를 이끈다. 후도는 반격과 존심의 경우를 제외하고는 선도보다 먼저 움직이지 않는다. 선도는 후도의 반격이나 존심이 완료된 것을 충분히 확인한 뒤 다음 동작에 들어가야 하며, 거리를 선도적으로 조정할 의무가 있다.

2) 시선

상대의 눈을 바라보는 동시에 몸 전체를 약간 내려다 보면서 서로의 시선이 떨어져서는 안 된다.

3) 기합

선도의 경우 '야 -' 또는 '얍', 후도의 경우 '도 -' 또는 '도'로 한다. 선도는 동작을 일으킴으로 여는 소리로, 후도는 격자함으로 맺는 소리를 크게 아랫배로부터의 발성으로 낸다. 선도는 대도의 경우 한번만 공격할 때는 첫 번째에, 두 번 공격할 때는 두 번째에 기합을 넣는다. 소도의 경우 선도는 한번 공격할 때나 두 번 공격할 때나 모두 첫 번째에 기합을 넣는다. 후도의 경우 항상 반격할 때 기합을 넣는다.

4) 호흡

자세를 취할 때는 크게 들이쉬고 공격할 때는 내쉰다. 이동시에는 숨을 멈추고, 일족일도의 거리에서는 짧고 조용하게 코로 호흡한다. 기본적으로 작고 조용한 복식호흡을 한다. 이 복식호흡은 기합과도 밀접한 연관이 있으므로 검도본 수련 시 아랫배에 힘을 줘야 한다.

5) 격자

호를 그리며 크고 부드럽게 당기는 기분으로 타격부(칼끝 약10cm)로 타격부위를 정확하게 내려 쳐야 한다. 오른손을 꽉 잡지 말고(힘을 빼고) 왼 주먹은 언제나 정중선에 두며 왼손으로 벤다. 상대를 치기 위해 칼을 들 때는 상대가 보일 정도로 들되 칼끝은 양손의 수평보다 내려가서는 안 된다. 찌름은 왼손을 앞으로 밀며 오른손은 차수건 짜듯이 안으로 가볍게 잡는다. 앞으로 공격해 나갔을 때 뒷발은 반드시 앞발에 따라 붙어야 한다. 어깨에 힘을 빼고 아랫배에 힘을 넣어 허리의 힘으로 베고 찌른다.

6) 발동작

이동할 때는 스치는 발로 발소리를 내지 않으며 진행방향에 있는 발을 먼저 움직인다. 특히 대도 3본, 6본의 후도는 발소리를 내기 쉬우므로 조심해야 한다.

7) 존심

유형이든 무형(대도 2본, 4본)이든 기세를 늦추지 말고 기백있게 존심을 취한다.

8) 기타

기술에 따라 강약완급을 구분해야 하며 박자와 리듬에 맞춰 공격과 반격을 한다. 일족일도의 거리에서 공격한다. 대도는 양손을 소도는 오른손 한손을 사용한다.

나. 예외적인 사항

1) 거리

일족일도 거리에서 공격하는 것이 원칙이나, 예외는 대도 4본과 소도 3본으로 원간에서 공격하여 공격 후 일족일도 거리가 된다.

2) 후도가 먼저 동작하는 경우

일족일도의 거리에서 선도가 먼저 기회를 보고 움직이는데, 대도 6본의 경우 후도가 일족일도의 거리에서 공격기회를 보면서 하단에서 중단으로 칼을 올린다.

3) 존심

대도 2본과 4본에는 유형의 존심이 없다.

4) 시선유지

대도 7본의 선도가 머리를 치고 나가는 순간 잠시 시선이 떨어진다.

5) 변칙공격

대도 7본의 선도는 예외적으로 왼발이 먼저 나가며 2족1도로 머리를 공격한다.

6) 거리조정

원칙적으로 선도가 거리를 조정할 책임이 있으나 대도 7본에서 공격이 끝난 후 원위치로 돌아갈 때만은 후도가 거리를 조정한다.

7) 발동작 진행방향 예외

소도 3본에서 공격을 마치고 원위치 할 때, 후도는 앞에 있는 왼발이 먼저 뒤를 향해 움직인다.

8) 격자의 예외

대도 3본과 소도 3본에서는 후도가 상대를 베거나 찌르지 않고 상대를 제압한다.

6. 검도본의 문제점

검도본에는 죽도검도에서 잘 쓰지 않는 이상한 동작이 많아 초보자들을 지도하기에 애로사항 많다. 사람을 벤다, 찌른다 등 전투용어가 많아 어린 학생들에게는 설명하기 민망한 말들도 있다. 그래도 해야하는 이유는 검도본이 승단심사 과목이기 때문일 것이다. 필자도 1966년 초단 심사를 앞두고 1, 2, 3본을 배운 기억이 나며, 이후 8단 심사 때까지 빠짐없이 검도본 심사를 보아 왔다. 비록 의무적으로 하긴 했지만 검도본을 연마하는 과정에서 배우는 것도 많았다. 즉, 앞에서 언급한 다양한 검도본수련의 효과들을 체험하였다. 그러나 여전히 잘 이해되지 않고, 아무도 확실하게 설명하지 못하는 여러 가지 문제점들이 있는데, 이를 요약 정리하면 다음과 같다.

1) 우리나라에서는 검도본이라고 하고, 일본 등 모든 다른 나라에서는 일본검도형 (Nippon Kendo Kata)이라고 하지만 그 내용은 거의 같다. 이 사실을 처음 알았을 때 '우리가 꼭 이를 해야 하나' 라는 생각도 했고, 일부 인사는 우리 나름의 검도형 을 제정하자는 말도 했었다. 그러나 필자의 생각엔 평화 시기에 칼의 형을 제정 한다는 것은 시대를 역행하는 것 같아 부정적이며 국제적인 차원 또한 고려해 보아야 하지 않나 싶다. 이제 우리나라도 나름대로 검도본을 한지 70년이 넘었 으니, 이를 꼭 한번 짚고 넘어가야 하지 않을까 생각한다.

2) 현대검도와의 접목에는 근본적인 문제점이 있고 용검의 이법 상에도 부족한 면 이 있으며, 검의 역학적 원리와 죽도의 경기적 원리 사이에는 많은 차이점이 있 다(이종림, 검도교본, 2006년).

3) 오늘날의 경기에는 주로 대도만을 사용하고 있지만 검도본에는 소도의 본이 3 개나 들어 있다. 그러나 실제로는 이도류의 경기에서 소도의 타격은 약하다고 한판으로 인정하고 있지도 않는 실정이다.

4) 대도본 중 1, 2, 3, 5본을 선의 선(또는 선선의 선)으로 4, 6, 7본은 후의 선으로 구 분하고 있으나, 이를 구분하는 논리적 근거가 스포츠 과학적인 형태가 아니라 마음(정신적 차원)이 기준이라니 납득하기 어렵다.

5) 검도본 수련 규칙을 너무 세부적으로 자세히 정해 놓음으로써 지나치게 형식화 되어 용검의 자연스러운 멋과 임기응변의 본뜻이 소홀해 질 수 있다. 또한 이러 한 상황에서 어느 누구도 본을 완벽하게 시연하기란 거의 불가능하다. 옛날 분 들의 시연을 보면 형식은 좀 달라도 감히 범접할 수 없는 위엄과 기백이 느껴지 지 않는가?

6) 검도의 본은 서로 상단으로 시작하는 데, 이는 실제 경기에서는 거의 보기 드문 경 우이다. 더욱이나 검도에서는 중단이 가장 중요하다고 교육시키고 있으며 또 초등 학교나 중학교에서는 상단을 금지시키고 있으면서, 이와 관계없이 본에서는 상단 부터 가르치고 있다. 중학교까지 금지되어있는 찌름(3본과 4본) 또한 마찬가지이다.

7) 1본에서 선도는 비어있는 허리나 손목을 치지 않고 손잡이에 막혀있는 머리를 굳이 공격하는 것이 합리적일까? 또한 선도가 머리를 친 후 앞으로 구부러진 자세를 유지하는데, 이것 역시 허리를 넣어 몸을 바르게 하라는 검도의 가르침과는 사뭇 다른 모습이다.

8) 선도는 선생의 위치이며, 후도는 제자의 위치, 즉 학생이라고 설정되어 있는데, 실제의 시범을 보면 머리가 하얀 비슷한 8단 선생들끼리 하지 않는가? 60대의 8단 범사와 40대의 6-7단 젊은 사범들이 시범하는 것이 맞는 것이 아닐까?

9) 연수원 건립 이후 검도본 실기 수준은 크게 향상되었으나, 검도본에 대한 연구는 턱없이 부족하여 우리나라에는 아직까지 검도본에 관한 단행본(ISBN 등록된)으로 출판된 책은 한 권도 없는 실정이다. 그러므로 향후 대한검도회 차원의 검도본 해설서가 필요하며 지도요령 및 심사요령 등의 제정 또한 필요하다고 생각한다. 한국 검도형을 새로 만드는 일은 신중해야 되지만, 교육목적의 목도본이나 죽도본 제정 등은 고려해 볼 만할 것이다.

7. 도검의 각 부위 명칭

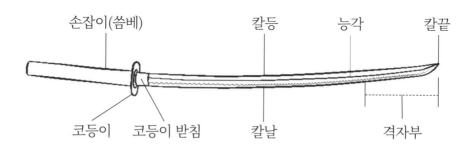

◈ **목도의 규격**

구 분	전체길이	손잡이 길이
대 도	약 102cm	약 24cm
소 도	약 55cm	약 14cm

제2부

검도본
실기와 해설

제1장
대도(大刀)의 기본자세

검도본에는 크게 다섯 종류의 자세가 있다.

상단세, 중단세, 하단세, 그리고 어깨칼(팔상세)과 허리칼(협세)이다. 대도 상단의 경우 좌상단, 우상단 두 개가 있으며, 소도에는 중단 및 하단세 이외에도 변형된 중단반신세가 두 개 있다.

1. 중단세(中段勢)

중단자세는 검도본의 다섯 가지 자세 중 가장 기본이 되는 자세로 공격과 수비의 전환이 용이하고, 효율적인 자세이다.

칼끝의 높이는 가슴 정도이며 상대의 목을 겨눈다. 왼손은 배꼽 앞 한 주먹 정도 내밀며, 배꼽 아래에 둔다. 오른손은 왼손의 한 주먹 정도 위로 잡는다. 양손 모두 새끼손가락, 약지, 중지 순으로 힘을 모으고, 엄지와 검지는 가볍게 쥔다. 이때 양손의 엄지와 검지 사이의 움푹 패인 'V'자형의 호구(虎口)가 칼등과 대체로 일직선이 되도록 한다. 양발은 발 폭 하나 넓이로 벌리고, 오른발을 앞으로 내밀어 그 뒤꿈치와 왼발 엄지 끝이 대체로 일직선상에 있게 한다. 왼발 뒤꿈치는 약간 들고, 오른발 뒤꿈치는 바닥에 가볍게 닿아 있으므로, 몸의 중심(重心)은 약간 앞쪽에 있게 된다. 양 겨드랑이는 벌리지 않으며, 양 팔꿈치는 곧게 펴지도 말고 굽히지도 않으며 유연한 상태를 유지한다. 어깨의 힘을 빼고 턱은 당기며 시선은 상대의 눈을 중심으로 몸 전체를 본다. <부록 160-161쪽 죽도본에 실린 바람직한 중단세 참고>

2. 상단세(上段勢)

1) 우상단세(右上段勢)는 중단에서 큰 호를 그리며 똑바로(정중선) 들어 올려 왼손이 이마 위 넉넉한 주먹 하나 들어갈 거리에서 멈추며 양팔을 너무 벌리지 않도록 하며 양팔 사이로 상대를 본다. 칼의 각도는 45도가 적당하다. 이때 검선은 몸의 정중선을 벗어나지 않는다.

2) 좌상단 자세는 우상단과 같으나 칼을 들 때 왼발을 앞으로 내밀므로 몸은 좌자연체가 된다. 이때 왼 주먹은 몸의 중심보다 약간 왼쪽으로 칼끝은 약간 오른쪽으로 틀어지나 오른 주먹은 정중앙에 남는다. 왼손과 왼발이 수직으로 일직선상에 있는 것이 좋다. 역시 검선(劍線)의 각도는 약 45도를 유지하여 뒤로 쳐지지 않도록 한다.

3. 하단세(下段勢)

중단에서 칼을 아래로 내려 칼끝의 수평높이가 무릎보다 약간 아래(3-6cm)가 되도록 한다. 이때 왼손목과 오른 팔꿈치가 유연하도록 한다.

4. 어깨칼 : 팔상세(八相勢)

변형된 상단으로 상단을 하는 기분으로 들다가 오른쪽 어깨 위로 칼을 내린다. 칼의 각도는 상단과 같으며 왼 주먹은 대체로 몸의 중앙에 오른 주먹은 턱 옆 주먹 하나 거리에 코등이는 입 높이 정도로 한다. 왼발과 칼날은 상대를 향한다.

5. 허리칼 : 협세(脇勢)

허리칼 자세는 변형된 하단으로 오른 주먹이 턱 옆을 지나가듯 크게 들어 칼을 허리 뒤에 감춘다. 칼끝은 하단보다 약간 더 아래로 내리고 칼날은 우하향하며 대각선으로 상대를 올려 벨 준비가 되어 있어야 한다. 왼 주먹은 배꼽 아래 한주먹 오른쪽으로 한주먹 밑에 두며, 왼 손목은 꺾지 않는다. 이때 상대에게 칼날을 보여서는 안 된다. 왼발은 상대를 정면으로 대하나 오른발은 약간 틀어져 좌반신(左半身)이 된다.

제2장
검도본 연무의 출입

1. 칼의 휴대방법

⟫ 대도와 소도 휴대방법

선도는 바르게 서서 엄지는 안쪽으로 나머지 네 손가락은 바깥쪽으로 대도를 가볍게 잡는다.

후도는 오른손 엄지, 인지로 소도를 잡고 그 바깥쪽에 중지, 약지, 소지 순으로 대도를 잡는다.

2. 검도본의 출입과 예법

검도본을 시연하는 선, 후도는 칼을 오른손에 칼날을 위로 칼자루를 앞으로 칼날을 뒤로하여 들고, 입장하여 하좌(下座)에서 상호 예를 한다. 입회(마주서기)의 거리 가는 도중 후도는 후도 입례의 위치에서 우후방 약 5보 떨어진 곳에 소도를 칼날을 안쪽으로 해서 놓는다.

이어 선도, 후도는 입례의 위치(9보 거리)에서 마주보고

선도, 후도는 먼저 상좌를 향해 약 30도 허리를 숙여 인사한 후 상호 약 15도 숙여 인사한다.

이어 선도, 후도는 입례의 위치(9보 거리)에서 마주보고

    왼손으로 코등이 밑을 쥐고 왼엄지손가락을 코등이에 건다. 목도의 경우에도 엄지를 코등이에 걸고 칼은 꽂은 모양으로 허리에 댄다. 왼쪽 허리에 칼을 찬 다음 왼손은 엄지로 코등이를 누르며 나머지 네 손가락으로 칼집을 잡고, 오른손은 펴서 자연스럽게 오른쪽 허벅지 쪽으로 내린다.

    진검의 경우 다섯 손가락을 앞으로 칼집 고리 부분을 가볍게 누르고, 목도의 경우에는 엄지를 뒤로 나머지 네 손가락은 앞으로 한다.

선도, 후도 칼을 허리에 차고

선도, 후도 칼을 허리에 차고

왼발부터 뒤로 5보 물러난 후 중단세를 취한다. 이어 각 본에 맞는 자세를 취한 후 본을 행한다. 소도의 경우에는 대도에 준해서 하지만, 중단자세를 취할 때에는 왼손을 허리에 대고 칼끝을 내리는 경우에는 동시에 왼손을 내린다.

입례의 위치에서 상호 중단이 된다.

3. 검도본 연무시 선도 후도의 위치

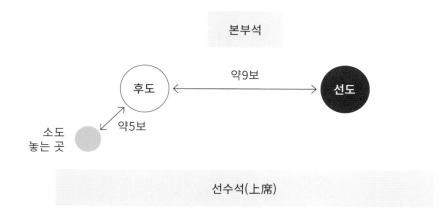

　선수석의 위치는 특정하고 있지 않지만 본부석 건너편 중앙의 위치가 바람직하며, 상호 예는 약 9보 거리에서 입례로 한다.

　선도는 오른손 엄지를 안쪽으로 나머지 손가락을 바깥쪽으로 콧등이 밑으로 가볍게 대도를 잡는다.

　후도는 오른손의 엄지와 검지(둘째손가락)로 소도를 안쪽으로 잡고 검지의 우측과 나머지 세 손가락으로 대도를 잡는다. 대도와 소도는 가지런하게 한다.

　입례의 위치는 대적의 거리라고도 하는데, 약 9보 거리(5.5m)이다.

제3장 대도(大刀)의 본(本)
1. 대도 1본

중요 사항	대도 1본의 요점은 상단으로 칼을 크게 들어 머리를 하단까지 크고 강하게 치는 것이다.

> **선도** 칼자루에 가려진 머리를 함께 베는 기분으로 크고 강하게 칠 것.

> **후도** 선도의 칼을 피할 때 칼끝의 대각선 연장선을 따라 뒤로 빼서 한 동작으로 칠 것.

⊙ 대도 1본 선도·후도 비교

구분	선도	후도
자세	좌상단	우상단
격자부	머리	머리
유형의 존심		좌상단

⊙ 대도 1본 연무 내용 설명

1) 선도는 왼발을 앞으로 내며 좌상단을, 후도는 선도의 동작에 맞춰 우상단 자세를 취한다. 선도 후도 모두 앞발부터 스쳐 걷기로 3보 나아가 일족일도의 거리에 이른다. 선도는 기회를 보아 오른발부터 크게 앞으로 내디디며 정중선으로 후도의 정면머리를 '야' 하며 손잡이와 함께 배꼽까지 내려 벤다는 기세로 크고 강하게 내려친다. 이때 크게 내려치기 때문에 선도의 몸이 약간 앞으로 굽지만 시선은 그대로 유지한다. 후도는 선도의 머리 공격을 보며 왼손을 칼끝방향(45도)으로 뒤로 빼 올리면서 왼발부터 뒤로 1보 물러났다가 '도' 하며 선도의 머리를 친다. 이때 한 박자로 움직이며 칼끝을 수평 이하로 뒤로 넘겨서는 안 된다.

2) 선도가 후도의 기합이 멈춘 후 칼끝이 하단 높이인 채 뒷발부터 1보 물러나면 후도는 칼끝을 내리며 선도의 양미간을 겨눈다.

3) 선도가 다시 1보 더 물러나면 후도는 미간을 찌를 듯한 기세로 왼발을 앞으로 내어 좌상단세를 취하며 존심을 나타낸다. 단, 너무 급하게 찌르는 듯해서는 안 된다.

4) 선도는 후도의 존심을 확인한 후 허리를 세우며 칼을 하단에서 중단으로 올리고, 후도는 이와 동시에 왼발부터 물러나며 좌상단에서 중단으로 상호 중앙 위치에서 칼을 맞춘다.

대도 1본 실기 내용	
후도(흰 도복)	**선도**(검은 도복)

중단자세에서 선도 좌상단, 후도 우상단 자세로 선도 후도 모두 스쳐 걷기로 3보 나아가 일족일도의 거리에 이른다.

선도, 후도 중단에서

선도 좌상단, 후도 우상단으로 전환

3보 앞으로 나아가 일족일도의 거리에서

후도(흰 도복)	선도(검은 도복)
1. 선도의 머리 공격을 보면서 뒷발부터 자연체로 물러나 이를 피하고 오른발부터 밀고 나가며 '도' 하는 기합과 함께 선도의 정면을 강타한다.	1. 기회를 보아 오른발로부터 후도의 정면머리를 향해 '야' 하는 기합과 함께 크게 내려친다.
1) 칼끝방향으로 뒤로 칼을 당기되 칼끝이 뒤로 수평 이하로 넘어가서는 안 된다. 2) 물러남과 나아감이 두 박자가 되면 안 된다. 3) 선도의 칼이 몸 가까이 올 때 피한다.	1) 상대의 손잡이를 자른다는 기세가 중요하다. 2) 크게 내려치기 때문에 선도의 상체가 약간 앞으로 구부러진다. 3) 친 칼의 높이는 하단보다 약간 낮은 정도이다. 4) 반동을 받아 치면 안 된다. 5) '친다'는 의미는 '자른다'는 의미이며 이하 동일하다.

선도가 크게 머리를 치자

후도는 뒤로 물러났다 한 동작으로 머리를 친다.

후도(흰 도복)	선도(검은 도복)
2. 칼끝을 선도의 두 눈 사이를 겨눈다.	2. 후도의 기합이 멈춘 후 칼끝이 하단높이인 그대로 뒷발부터 1보 뒤로 당긴다.
1) 칼끝과 얼굴의 거리는 약 10cm가 좋다.	1) 후도의 기위(氣位)가 충실할 때 물러난다. 2) 물러나는 거리는 후도와의 거리에 따라 다소 달라질 수 있다.

선도가 뒤로 1보 물러나자 칼끝을 선도의 두 눈 사이를 겨눈다.

후도(흰 도복)	선도(검은 도복)
3. 미간을 찌를 뜻한 기세로 왼발을 앞으로 내며 좌상단을 취하며 유형의 존심을 나타낸다. 4. 왼발을 당기며 뒤로 물러나면서 중단이 된다.	3. 다시 1보 뒤로 물러난다. 4. 상체를 일으키며 하단으로부터 중단이 된다.
1) 선도와의 거리에 따라 물러나는 폭을 조절한다.	1) 후도가 좌상단 존심을 나타낸 후 움직인다.

이어 후도는 좌상단으로 존심을 취한 후 상호 중단이 된다.

후도(흰 도복)	선도(검은 도복)

자세를 풀며 칼을 내리고 뒤로 5보 물러나 입례의 위치(9보 거리로 처음 인사했던 곳)로 돌아간다.

1) 칼끝은 하단 정도로 내리며 상대의 무릎을 약간 벗어날 정도로 한다.
2) 칼은 죽지만 왼쪽 손목이 죽어서는 안 된다.

선도, 후도 칼끝을 내리고 뒤로 5보 물러나

입례의 위치로 돌아간다.

상호 중단이 된다.

⟩ 기본 검리

선도	후도
· 선도 후도 모두 선의 기위로 3보 나온다.	
좌상단에서 기회를 보아 크고 강하게 주먹과 상대의 칼자루를 머리와 함께 배꼽까지 베는 기분으로 크게 들어 빠르고 강하게(급강) 친다.	상대의 칼이 가능한 왼주먹 가까이 올 때까지 기다렸다(견절: 見切)[1] 마지막 순간에 양손을 대각선 방향으로 뒤로 빼면서 크게 뒤로 물러난 후 크게 앞으로 나가면서 머리를 친다.

⟩ 심사 및 지도 유의사항

선도	후도
1. 좌상단세는 바르며 반동 없이 치는가?	1. 우상단세는 바른가?
2. 적절한 거리에서 큰 동작으로 베는가? 몸이 앞으로 약간 숙었는가?	2. 선도의 칼이 가까이 왔을 때 칼을 빼는가? 한 박자로 치는가?
3. 벤 칼은 하단높이에 죽은 칼이 돼 있는가?	3. 충분한 기위(氣位)로 미간을 겨누며 존심을 넣는가?

⟩ 주의 사항 [잘못된 사례]

선도	후도
1. 반동을 받아 친다.	1. 칼끝을 수평이하로 크게 뒤로 넘겨 반동을 받아 친다.
2. 후도의 왼손목 앞 허공을 작은 동작으로 짧게 친다.	2. 깊거나 짧게 머리를 친다(격자부는 칼끝 10cm임).
3. 몸이 굽지 않고 수직인 채로 있다.	3. 좌상단 존심 후 뒷발이 벌어지고 뒷꿈치가 높으며 무릎이 굽는다.

---

* 견절(見切) : 미리 피하지 않고 가능한 끝까지 보고 상대 칼을 피하는 행위.

제3장 대도(大刀)의 본(本)

2. 대도 2본

중요 사항	대도 2본의 요점은 중단에서 상단으로 칼을 크게 들어 손목을 크게 치는 것이다.

⊙ **선도** 중단으로 칼끝이 마주친 후 기회를 보아 공격할 것.	⊙ **후도** 후방으로 크게 물러났다가 한 박자로 크게 들어 칠 것.

⊙ **대도 2본 선도 · 후도 비교**

구분	선도	후도
자세	중단	중단
격자부	손목	손목
예외사항		유형의 존심 없음

⊙ **대도 2본 연무 내용 설명**

1) 선도 후도 모두 중단으로 3보 나아가 일족일도의 거리에 도달한 후, 선도가 기회를 보아 오른발을 크게 앞으로 내디디며 정중선으로 후도의 손목을 '야' 하며 내려 벤다. 이때 칼끝의 높이는 후도의 오른 손목보다 약간 내려 베어야 하며 칼끝이 지나치게 낮거나 높으면 안 된다. 후도는 선도가 치는 것을 기다려 선도의 칼이 손목을 향해 내려옴을 보면서 좌측 후방으로 칼을 하단 높이까지 내리면서 피한 후 오른발부터 힘차게 내디디며 '도' 하며 선도의 오른손목을 친다.

이때 칼끝의 궤적은 자연스러운 커브를 그려야지 일부러 돌려 반원을 억지로 그리려고 해서는 안 된다. 양팔 사이로 선도의 몸이 보일 정도로 들어 올려 치되 옆으로 돌려 치지 않도록 주의하며 한 박자 큰 기술로 바르게 친다. 2본에는 유형의 존심이 없으므로 후도는 충분한 기위 (氣位)로 존심을 나타내야 한다.

2) 선도는 후도의 충분한 기위(무형의 존심)를 확인한 후 왼발부터 움직이며, 후도는 오른발부터 이동하여 중앙의 위치로 돌아간다.

대도 2본 실기 내용	
후도(흰 도복)	**선도**(검은 도복)

중단자세에서 선후도 모두 스쳐 걷기로 3보 나아가 일족일도의 거리에 이른다.

상호 중단에서

3보 앞으로 나아가 일족일도의 거리에서 겨눈다.

1. 왼발부터 좌 후방으로 크게 물러나는 동시에 칼끝을 아래로 내리면서 칼을 뺀 후 오른 발을 힘차게 내디디면서 '도' 하는 기합과 함께 선도의 오른손목을 친다.	1. 기회를 보아 오른발로부터 후도의 오른 손목을 향해 '야' 하는 기합과 함께 크게 내려친다.
1) 칼을 뺄 때 자연스러운 곡선을 그리는 기분으로 뺀다. 일부러 돌려 반원을 그려서는 안된다.	1) 큰 기술로 오른 손목보다 약간 낮게 친다.
2) 양팔 사이로 상대가 보일 정도로 크게 들어 칼 날이 경사지지 않게 똑바로 한 박자로 친다.	2) 지나치게 크게 들어 올리거나 칼끝이 수평 아래로 내려가지 않도록 한다.
3) 유형의 존심이 없으므로 충분한 기위(氣位)로 존심을 나타낸다.	3) 한 박자로 하되 칼을 수직으로 내려친다.

선도가 크게 들어 손목을 치자 후도는 칼을 내리며 물러난다.

후도가 크게 들어 선도의 손목을 친다.

후도(흰 도복)	선도(검은 도복)
2. 선도와 중단으로 칼을 맞추며 오른발로부터 위치로 돌아간다.	2. 후도의 기합이 멈춘 후 후도의 기세가 충만할 때 선도가 먼저 왼발을 뒤로 빼면서 중단으로 돌아가 후도와 칼을 맞추며 중앙의 위치로 돌아간다.

3. 자세를 풀며 칼을 내리고 뒤로 5보 물러나 입례의 위치로 돌아간다 .

중단으로 중앙의 위치에서

칼을 내린 후 뒤로 5보 물러난다.

⊙ 기본 검리

선도	후도
· 선도 후도 모두 선의 기위로 3보 나온다.	
중단에서 기회를 보아 크게 손목을 친다.	가능한 기다렸다가(견절) 마지막 순간에 신속히 반좌후방으로 크게 물러났다 크게 나아가면서 상대의 손목을 친다.

⊙ 심사 및 지도 유의사항

선도	후도
1. 기회를 보아 치는가? 2. 정중선을 지키며 정확하게 치는가? 3. 친 칼의 높이가 적정한가? 지나치게 높거나 낮지 않은가?	1. 자연스러운 곡선을 그리며 좌후방 뒤로 크게 물러났다가 칼을 크게 들어 한 박자로 손목을 치는가? 2. 선도의 칼이 가까이 내려 왔을 때 칼을 빼며 한 박자로 똑바로 치는가? 3. 충분한 기위(氣位)의 존심이 있는가?

⊙ 주의 사항 [잘못된 사례]

선도	후도
1. 기회를 보지 않고 너무 빨리 친다. 2. 타격 후 칼끝이 높거나 낮다. 3. 정중선을 벗어나 후도의 손목 옆을 친다.	1. 선도의 칼이 내려오기도 전에 미리 뒤로 물러난다. 2. 뒤로 물러났다가 쉬었다가 두박자로 친다. 3. 칼을 옆으로 돌려 경사진 각도로 친다. 4. 손목을 너무 깊게 친다(격자부는 칼끝 약 10cm임).

제3장 대도(大刀)의 본(本)

3. 대도 3본

| 중요
사항 | 대도 3본의 요점은 허리가 들어가는 찌름이다. |

| ⊙ **선도** 몸(허리)이 들어가며 힘 있게 찌를 것. | ⊙ **후도** 두 번째 공격은 찌름이 아닌 일종의 위협
이므로 빠르고 단호한 동작이 요구됨. |

⊙ **대도 3본 선도 · 후도 비교**

구분	선도	후도
자세	하단	하단
격자부	명치	가슴
유형의 존심		양미간을 겨눈다.

⊙ **대도 3본 연무 내용 설명**

1) 선후도 모두 하단으로 3보 나아가 일족일도의 거리에서 만나 기(氣)를 겨루며(기쟁: 氣爭) 천천히 칼을 올려 중단이 된다. 선도는 중단에서 기회를 보아 오른발부터 앞으로 1보 크게 들어가면서 칼날을 우하향하여 약간 오른쪽으로 틀며 '야' 기합과 함께 후도의 명치를 찌른다. 후도는 왼발부터 크게 뒤로 물러나며 몸을 뒤로 당기면서 타격부위의 능각(稜角)[2]으로 상대 칼을 가볍게 스쳐 받아 흘린 다음, 오른발로부터 크게 1보 들어가면서 '도' 기합과 동시에 선도의 가슴을 되 찌른다.

2) 선도는 오른발을 뒤로 크게 당겨 물러나는 동시에 후도의 칼을 격자부의 능각으로 상대칼을 오른쪽으로 누른다. 선도의 칼은 반우향하며 칼끝은 후도의 목을 겨눈다. 이에 후도는 다시 찌름의 기세로 왼발을 앞으로 내며 상대를 강하게 압박한다. 이에 선도는 왼발을 뒤로 당기는 동시에 좌측 능각으로 상대칼을 왼쪽으로 누른다.
이때 선도의 칼은 후도와 대등하지만, 후도의 기세에 눌려 선도는 칼을 풀고 왼발부터 뒤로 3보 물러나며, 후도는 즉시 작고 빠른 발로 3보 선도를 쫓아가 칼끝으로 양미간을 겨눈다.

3) 선도는 후도의 존심이 충분함을 확인한 다음 칼을 서서히 올려 후도와 중단에서 칼을 맞춘 후 3보 앞으로, 후도는 뒤로 3보 이동하여 중앙의 위치로 돌아간다.

대도 3본 실기 내용	
후도(흰 도복)	**선도**(검은 도복)

선도 후도 하단 자세로 3보 나아가 상호 기를 겨루며(기쟁:氣爭) 중단이 된다.

상호 하단에서

3보 앞으로 나아가 일족일도의 거리에서 겨눈다.

---

2 칼 옆에 튀어나온 부분으로 능각뿐만 아니라 호(鎬), 시위 등으로도 쓰인다.

후도(흰 도복)	선도(검은 도복)
1. 왼발로부터 크게 일보 물러나며 몸을 당기면서 상대의 찔러 들어오는 칼을 격자부(칼끝 약 10cm)의 왼쪽 능각으로 가볍게 받아 스쳐 흘린 후, 오른발부터 크게 들어가며 '도' 하는 기합과 함께 선도의 가슴을 되 찌른다.	1. 기회를 보아 오른발로부터 한 걸음 크게 들어가며 칼을 약간 오른쪽으로 비틀며 '야' 하는 기합과 함께 상대의 명치를 양손으로 찌른다.
1) 물러나는 보폭은 상대가 들어오는 정도에 따라 대응하며 칼날은 반우향하여 스쳐 흘린다. 이때 왼손은 정중선 배꼽 가까이까지 당기고 상대의 칼끝은 자기 몸에서 벗어날 정도로 한다. 2) 상대 칼을 받을 때 마중 나가듯이 약간 앞으로 밀었다가 당기면서 상대 칼을 약화시킨다. 3) 한 박자로 되받아 찌를 때는 반우향한 칼날이 직하하며 양팔을 충분히 뻗어야 한다. 이때 뒷발은 즉시 따라붙으며 두 칼은 서로 떨어지면 안 된다.	1) 찌를 때 너무 비틀어 왼손이 위를 향하거나, 양팔을 쭉 뻗어 일자가 되는 것이 아니다. 2) 가슴을 찌르는 것이 아니다. 3) 찌를 때 허리를 충분히 넣고 즉시 왼발이 따라가야 한다. 단 보폭은 상황에 따라 다소 다를 수도 있다. 4) 상대의 칼을 왼쪽 능각(稜角)으로 스쳐 누르면서 찔러 들어가야 한다.

선도가 크게 들어가며 찌르자 후도는 이를 가볍게 스쳐 흘린다.

후도(흰 도복)	선도(검은 도복)
2. 되 찌른 후 다시 찌름의 기세로 왼발이 나가며 상대를 강하게 압박한다.	2. 오른발을 뒤로 물리는 동시에 상대의 칼을 격자부 우측 능각으로 오른쪽으로 누른다. 다시 왼발을 뒤로 당기는 동시에 좌측 능각으로 왼쪽으로 상대의 칼을 누른다.
1) 찌르는 듯 한 기세로 상대를 제압하는 것이다. 2) 왼발은 가볍고 빠르게 내딛으며 두 번 찔러서는 안 된다. 3) 이때까지의 선도 후도 기세는 대등하다.	1) 검선을 밑으로 빼 처음에는 오른쪽으로 누르고 다음에는 왼쪽으로 누른다. 이때 칼끝은 상대의 목을 향하며 칼날은 첫 번째는 우하향하고 두 번째는 좌 하향한다. 2) 1보 뒤로 물러가 좌자연체가 되면서 칼끝은 상대의 목을 겨눈다. 다시 1보 물러나 우자연체로 다시 목을 겨눈다. 3) 물러나는 거리는 후도가 들어오는 만큼 물러나며, 몸은 정면을 향해 좌우자연체가 되며 상대의 칼을 누르는 것이다.

후도가 되 찌른다. 선도가 오른발을 뒤로 빼며 막는다.

후도가 찌름의 기세로 다시 압박하자 왼발을 뒤로 빼며 막는다.

후도(흰 도복)	선도(검은 도복)
3. 상대를 제압하는 기세로 3보 따라 들어가 양미간을 겨눈다.	3. 후도의 칼을 두 번이나 눌렀으나 계속되는 후도의 공세에 눌려 칼끝을 아래로 내리며 뒤로 3보 물러난다.
1) 작고 빠른 발로 따라 간다. 2) 칼끝은 들어가면서 가슴으로부터 점차 올리며 얼굴중심에 대며 존심을 나타낸다. '얼굴중심에 대다'와 '양미간을 겨눈다'는 같은 의미로 사용되며, 이 때 얼굴과 칼끝 간격은 약 10cm가 적당하다.	1) 기세에는 눌리나 칼은 대등하다. 2) 내린 칼끝은 후도 몸 밖을 향한다.

선도가 뒤로 물러나자 후도가 따라 들어간다.

48

후도(흰 도복)	선도(검은 도복)
4. 선도가 칼을 올리기 시작하면 왼발, 오른발 2보 물러나며 중단에서 서로 칼을 맞추고 3보 더 물러나 중앙의 위치로 돌아온다.	4. 칼끝을 올려 중단이 되면서 후도와 칼을 맞춘 후 3보 나아가 중앙으로 돌아간다.
	1) 후도의 존심이 충분하다고 생각될 때 칼끝을 올리기 시작한다.

선도가 먼저 칼을 들기 시작하면 선도 후도는 칼을 맞추고 중앙의 위치로 돌아온다.

칼을 내리고 뒤로 5보 뒤로 물러나,

입례의 위치로 원위치 한다.

⊙ 기본 검리

선도	후도
· 하단에서 중단으로 올라갈 때 상호간 기쟁(氣爭)이 있어야 한다.	
1. 중단에서 기회를 보아 상대의 칼을 누르며 명치를 찌른다.	1. 상대의 칼을 받아 약화시키며 스쳐 내리는 동시에 상대의 가슴을 되 찌른다. 상대의 목을 겨누며 기세는 반반이다.
2. 밑으로 돌려 막은 선도의 칼은 상대의 목을 겨누며 기세는 반반이다.	2. 후도가 다시 찌르는 듯한 기세(위힐: 位詰)로 왼발을 힘차게 내디딘다.
3. 후도가 재차 찌를 기세로 공세를 취할 때는 우자연체가 되면서 격자부의 왼쪽 능각으로 후도 칼을 누른다.	

⊙ 심사 및 지도 유의사항

선도	후도
· 기를 겨루는 기쟁(氣爭)이 있는가?	
1. 후도가 되받아 찌를 때 좌우자연체가 되며 칼을 밑으로 돌려 좌우로 누르는가?	1. 허리가 들어가며 찌르는가?
2. 이때 칼끝은 칼날이 반우하향 또는 반좌향하며 상대의 목을 겨누는가?	2. 찌를 듯한 기세로 선도를 작고 빠른 걸음으로 따라가 양미간을 겨누는가?
3. 후도의 존심이 충분할 때 움직이는가?	3. 선도가 먼저 움직인 후 뒤로 물러나는가?

⊙ 주의 사항 [잘못된 사례]

선도	후도
· 기를 겨루지 않고, 또 팔로 찌르며 뒷발이 따라 오지 않는다.	
1. 좌우 반신세를 취하며 상대의 칼을 너무 강하게 누른다.	1. 찌름 공격 후 큰 발로 선도를 밀고 들어간다.
2. 후도가 존심을 취하고 있는 중에 선도가 미리 움직인다.	2. 존심을 형식적으로 짧게 한 후 즉시 위치로 돌아간다.

제3장 대도(大刀)의 본(本)

4. 대도 4본

중요사항 대도 4본의 요점은 선도가 누르며 찌르는 칼을 후도가 왼 주먹을 머리위로 크게 감아올리며 머리를 치는 것이다.

⊘ **선도** 상대의 칼을 누르면서 찌를 것.   ⊘ **후도** 왼 주먹을 머리위로 크게 감아올려 칠 것.

⊘ **대도 4본 선도 · 후도 비교**

구분	선도	후도
자세	어깨칼(팔상세: 八相勢)	허리칼(협세: 脇勢)
격자부	오른쪽 폐	머리
예외사항		왼발을 앞으로 내며 머리를 친다.

⊘ **대도 4본 연무 내용 설명**

1) 선도는 왼발을 앞으로 내며 어깨칼 자세를 후도는 오른발을 뒤로 빼면서 허리칼 자세를 취한다. 선도 후도 모두 앞발부터 약간 작은 걸음으로 3보 나아가 거리가 가까워지자 선도는 기회를 보아 오른발을 크게 앞으로 내디디며 좌상단에서 칼을 크게 들어 정중선으로 후도의 정면머리를 친다. 이와 동시에 후도 역시 허리칼에서 좌상단으로 칼을 올려 오른발이 나가며 정중선에서 선도의 정면을 친다.

2) 선도 후도의 머리 친 칼이 중심선상 상대방의 머리 위에서 서로 만나는 순간 멈춤이 발생하여 상타(相打)가 된다. 이때 선도 후도는 동일한 기위로 상호 칼의 능각을 깎듯이 비벼 내리며 중단이 된다. 만일 거리가 너무 가까우면, 선도가 뒷발부터 한 걸음 물러나며 거리를 조정한다.

3) 선도는 다시 기회를 보아 칼날을 오른쪽으로 향하게 하여 오른발을 내디딤과 동시에 왼쪽 능각으로 상대의 칼을 감아 누르면서 후도의 우측 폐를 '야'기합과 함께 찌른다. 이때 검선은 수평보다 약간 더 내려가며 상체는 약간 앞으로 기운다. 후도는 찔러 들어오는 상대의 칼을 왼발을 좌 전방으로 이동시키며 크게 감아 돌린 후 선도의 정면을 '도' 기합과 함께 한 박자로 크게 치며 오른발을 왼발 뒤로 즉시 당긴다.

4) 선도는 왼발부터 후도는 오른발부터 칼끝을 내려 중단으로 칼을 맞추며 중앙의 위치로 되돌아간다. 이때 2본과 마찬가지로 무형의 존심이므로 충분한 기위가 있어야 한다.

대도 4본 실기 내용	
후도(흰 도복)	**선도**(검은 도복)

선도 어깨칼, 후도 허리칼 자세를 취한 후 작은 걸음으로 3보 나아간다.

선도는 어깨칼, 후도는 허리칼 자세를 취한다.

1. 선도 후도 모두 약간 작은 걸음으로 3보 나아가 거리가 가까워지자 기회를 보아 좌 상단으로 올려 오른발이 힘차게 나가며 상대의 정면을 친다.

1) 양팔 사이로 상대가 보일 정도로 들어 올린다.
2) 양팔을 충분히 쭉 뻗어 크게 치며 검선이 중심선을 벗어나면 안 된다 .
3) 상단으로 들어 올려 머리를 칠 때 한 박자가 되어야 한다.

3보 앞으로 나아가 상단으로 올려 상호 머리를 친다.

후도(흰 도복)	선도(검은 도복)

2. 선도 후도가 동시에 정면을 친 칼이 중심선 머리위에서 두 칼이 순간 멈춰 상타(相打)가 된다. 상타가 된 후 쌍방은 동일한 기위(氣位)로 두 칼의 능각을 깍 듯 비벼내려 서로 중단이 된다.

1) 상타가 되었을 때 1족1도가 되나, 거리가 가까우면 선도가 왼발부터 물러나며 거리를 맞춘다.
2) 본서에서 상타(相打)는 둘 다 실패의 경우에 사용하며, 둘 다 성공한 상격(相擊)과 구별한다.

상호 능각을 깍듯이 중단이 된다.

후도(흰 도복)	선도(검은 도복)
3. 왼발을 좌 전방으로 내면서 크게 감아 돌려 '도' 기합과 함께 선도의 정면을 치며 오른발을 즉시 당긴다.	3. 다시 기회를 보아 칼끝을 약간 오른쪽으로 틀면서 오른발을 내디디며 '야' 하는 기합과 함께 타격부위의 왼쪽 능각으로 후도의 칼을 감아 누르면서 상대의 우측 폐를 찌른다.
1) 왼손이 머리위로 올라간다. 2) 칼끝을 뒤로 감아 돌려 똑바로 크게 친다. 3) 감아 돌리는 것과 치는 것이 한 박자가 되어야 한다.	1) 상체가 약간 앞으로 구부러진다. 2) 찌른 후 칼끝의 높이는 수평보다 약간 낮고 칼날은 오른쪽을 향한다. 3) 시선이 떨어지지 않으며 얼굴은 상대를 향한다.

선도가 우측 폐를 찌르자 후도는 크게 감아 올린 후 정면을 친다.

후도(흰 도복)	선도(검은 도복)
4. 오른발부터 충분한 무형의 존심을 취하면서 칼끝을 내리고 중단으로 선도와 칼을 맞춘다.(대도 2본과 마찬가지로 유형의 존심이 없으며 오른발부터 중앙의 위치로 돌아간다.)	4. 왼발부터 움직여 중단세로 돌아온다.
1) 선도가 빠질 때까지 움직이지 않다가 선도가 빠질 때 얼굴 중심을 지나며 칼을 내린다.	

상호 중단에서 칼을 내리고 뒤로 5보 뒤로 물러나

입례의 위치로 돌아간다.

⊚ 기본 검리

선도	후도
· 원간에서 큰 기술로 머리를 쳐 머리 높이에서 절결(切結 : 순간 멈춤) 된다.	
절결된 상태에서 자연스럽게 서로 칼을 깍 듯이 내리다가 기회를 보아 상대 칼을 감아 누르며 오른쪽 폐를 찌른다.	반좌전방으로 왼발부터 나가며 선도의 칼을 크게 감아 돌린 후 머리를 친다.

⊚ 심사 및 지도 유의사항

선도	후도
1. 선도 후도 모두 강한 정신력으로 양팔을 쭉 뻗으며 머리를 치고 정중선에서 순간 멈춤이 되어 상타 되었을 때 칼끝이 상대의 머리 가까이에 있는가?	
2. 선도 후도 모두 한 박자로 치며 기세는 대등한가?	
3. 찔렀을 때 상체가 약간 앞으로 기울어 지며 칼끝은 수평보다 약간 더 낮은가?	3. 왼손이 이마위로 올라가며 뒤로 돌려 똑바로 크게 치는가?

⊚ 주의 사항 [잘못된 사례]

선도	후도
1. 원간에서 머리치고 상타 되었을 때 머리 가까이가 아니라 멀거나 높은 곳에서 두 칼이 교차한다.	
2. 어깨칼/허리칼에서 상단세가 되어 머리를 칠 때 두박자가 된다.	
3. 찌른 후 칼끝이 내려가지 않고 높으며 상체가 구부러지지 않는다.	3. 작게 감아 빠르게 친다.

제3장 대도(大刀)의 본(本)

5. 대도 5본

중요 사항	대도 5본의 요점은 선도가 크게 들어가 턱까지 벨 때, 후도는 선도 칼을 머리위에서 스쳐올려 한 박자로 머리를 치는 것이다.

◎ **선도** 크게 들어가며 턱까지 벨 것.	◎ **후도** 머리위에서 상대 칼을 스쳐 올릴 것.

◎ 대도 5본 선도 · 후도 비교

구분	선도	후도
자세	좌상단	중단(대 상단)
격자부	머리(턱까지)	머리
유형의 존심		양미간에 칼끝을 겨눈 후 좌상단
예외사항	공방이 끝난후 거리를 맞추기 위해 중앙으로 3보 돌아감.	

◎ 대도 5본 연무 내용 설명

1) 선도는 왼발을 앞으로 내며 좌상단을 후도는 왼손을 약간 앞으로 내밀어 선도의 왼주먹을 겨냥한 대상단중단세를 취한 후 선도 후도 모두 앞발부터 스쳐 걷기로 3보 나아가 일족일도의 거리에 이른다. 선도는 기회를 보아 오른발부터 크게 앞으로 내디디며 정중선으로 후도의 정면머리를 '야' 하며 턱까지 벤다는 기분으로 내려친다. 이때 후도는 선도의 머리 공격을 보며 뒷발부터 1보 빼면서 좌측 능각으로 선도의 칼을 스쳐 올린 후 한 박자로 '도' 하며 선도의 머리를 친다. 이어 후도는 칼끝으로 상대의 양미간을 겨누며 오른발을 뒤로 뺀 후 왼발이 즉시 따라가며 좌상단을 취하여 존심을 나타낸다.

2) 선도는 후도가 충분히 존심을 취한 후에 칼끝을 올리기 시작하며, 후도는 이에 맞추어 칼을 내리며 서로 중단에서 칼을 맞춘다.

3) 선도는 왼발부터 후도는 오른발부터 작은 걸음으로 3보 이동하여 중앙으로 돌아간다.

대도 5본 실기 내용	
후도(흰 도복)	**선도**(검은 도복)
1. 중단 대상단세로 3보 들어가 선도의 자세에서 선도가 머리 공격을 하면 왼발부터 뒤로 물리며 왼쪽능각으로 상대의 칼을 스쳐 올리고 오른발이 나가며 "도" 하는 기합과 함께 선도의 정면을 친다.	1. 좌상단으로 왼발부터 3보 들어가 기회를 보아 오른발로 후도의 정면머리를 향해 '야' 하는 기합과 함께 몸이 들어가며 턱까지 크게 내려친다.
1) 대 상단세는 왼 주먹을 약간 앞으로 밀어 선도의 왼주먹을 겨눈다. 2) 양팔 사이로 상대가 보일 정도로 들되 제쳐 치기가 되지 않도록 주의 한다. 3) 스칠 때는 상대의 칼이 머리위에서 격자부의 왼쪽 능각으로 순간적으로 빠르고 가볍게 끌어당기며 한 박자로 쳐야한다. 4) 뒤로 넘길 때 검선이 수평이하로 내려가거나 멈췄다가 쳐서는 안 된다.	1) 몸이 들어가며 턱까지 친다. 2) 시선이 떨어지거나 허리가 굽으면 안 된다. 3) 친 칼은 약간 좌향하며 하단 높이로 떨어지고 죽은 칼이 된다. 4) 칼끝은 상대의 무릎을 약간 벗어난다.

선도 좌상단, 후도 대 상단자세를 취하고

3보 앞으로 나아가 선도가 크게 머리를 치자 후도는 이를 스쳐 올려

후도(흰 도복)	선도(검은 도복)

 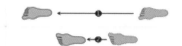

후도가 선도의 머리치기를 스쳐 올린 후 머리를 친다.

후도는 칼끝으로 선도의 미간을 겨눈 후 뒤로 물러서며 좌상단으로 존심을 취한다.

후도(흰 도복)	선도(검은 도복)
2. 선도가 움직이기 시작하면 같이 움직여, 왼발을 뒤로 당기며 서로 중단이 된다.	2. 칼끝을 올려 서로 중단이 된다(후도의 존심을 확인 후 움직이기 시작).

3. 선도는 왼발부터, 후도는 오른발부터 작은 걸음으로 3보 이동하여 중앙으로 간다.

후도는 좌상단에서 칼을 내려 상호 중단으로 칼을 맞춘 후 3보 중앙으로 이동

상호 칼을 내려 뒤로 5보 물러나 입례의 위치로 돌아간다.

◈ 기본 검리

선도	후도
· 선도 후도 모두 선의 기위로 3보 나온다.	
좌상단에서 기회를 보아 머리를 턱까지 베는 기분으로 친다.	가볍고 빠르게 상대의 칼을 당기면서 스쳐 올린 후 선도 머리를 즉시 반격한다.

◈ 심사 및 지도 유의사항

선도	후도
1. 몸이 크게 들어가며 턱까지 베는가?	1. 머리위에서 스쳐 막아 올리는가?
2. 허리가 굽거나 시선이 떨어지는가?	2. 뒤로 넘길 때 칼끝이 수평이하로 내려 가는가?
3. 스쳐 떨어진 칼은 죽은 칼이 되어 칼날이 약간좌향하며 상대의 무릎을 살짝 벗어 나는가?	3. 물러나고 나아감이 한 박자로 되는가?
4. 선도는 후도가 존심을 충분히 취한 후 움직이는가?	

◈ 주의 사항 [잘못된 사례]

선도	후도
1. 몸이 들어가지 않고 머리 앞을 짧고 상대의 칼을 강하게 내려친다.	1. 머리 높이 보다 낮은 위치에서 스쳐 올린다.
2. 타격 후 허리가 굽으며 땅을 본다.	2. 스친 후 칼을 번쩍 들어 뒤로 너무 크게 넘긴다.
3. 스쳐진 칼은 죽지 않고 상대를 찌를 듯한 기세로 있다.	3. 뒤로 물러나며 칼을 들어 멈추었다가 두 박자로 머리를 친다.

제3장 대도(大刀)의 본(本)

6. 대도 6본

중요 사항 대도 6본의 요점은 작고 빠르게 손목을 스냅을 이용하여 치는 것이다.

⊙ **선도** 크게 들어가며 턱까지 벨 것.　　⊙ **후도** 머리위에서 상대 칼을 스쳐 올릴 것.

⊙ 대도 6본 선도 · 후도 비교

구분	선도	후도
자세	중단	하단
격자부	손목	손목
유형의 존심		좌 상단
예외사항		후도가 하단에서 먼저 움직인다.

⊙ 대도 6본 연무 내용 설명

1) 선도는 중단으로 후도는 하단으로 3보 나아가 일족일도의 거리에 이르면, 후도는 기회를 보아 상대의 양 손목 중심을 공격하려는 기세로 칼끝을 올리기 시작한다.

2) 선도는 이에 응하는 기분으로 칼끝을 내리다가 칼이 마주치려는 순간 후도의 공세에 견디지 못해 오른발을 뒤로 빼 좌상단세를 취한다. 이에 후도는 선도의 왼손을 겨누며 공세하면서 한발 크게 다가간다.

3) 선도가 기세에 눌려 즉시 칼을 중단으로 내리면 후도 역시 선도의 중단에 대응하기 위해 올라간 칼끝을 약간 내린다. 이때 선도는 기회를 보아 '야' 하고 기합을 넣으면서 상대의 오른 손목을 작은 기술로 친다. 후도는 빠르게 쳐 들어오는 선도의 손목공격을 왼발을 왼쪽으로 벌리면서 호(작은 반원)를 그리는 기분으로 스친 후 '도' 라는 기합과 동시에 상대의 손목을 한 박자로 빠르게 친다. 이때 선도 후도 모두 작은 기술로 손목스냅을 이용한 경쾌한 기술을 사용하여 바르게 쳐야 한다.

4) 선도는 칼끝을 내리고 왼발부터 반 좌향 후방으로 크게 물러난다. 칼날은 반우향하고 칼끝은 후도의 오른 무릎을 벗어날 정도 그리고 검선의 높이는 하단보다 약간 더 낮다. 이때 후도는 왼발을 앞으로 내며 좌상단세를 취하며 존심을 표시한다. 선도는 후도의 존심을 확인한 후 오른발부터 움직여 후도와 칼을 맞추며 중앙으로 돌아간다.

대도 6본 실기 내용	
후도(흰 도복)	**선도**(검은 도복)
1. 하단으로 3보 나아가 거리에 이르러 기회를 보아 검선을 중단으로 올린다.	1. 중단으로 나아가 거리에 접근 한다.
1) 양 손목의 중심을 공격할 기세로 칼을 올린다	1) 원간에서나 이동 중에 검선을 내리면 안 된다

선도 중단, 후도 하단으로 시작하여

상호 3보 나아가 후도가 칼을 올릴 때 서로 기를 겨루며,

후도(흰 도복)	선도(검은 도복)
2. 중단세를 취한 후 상대가 물러나자 오른발부터 크게 1보 들어가며 칼끝의 연장이 선도의 왼 손목을 겨누면서 공세를 취한다.	2. 후도가 칼끝을 올리기 시작하자, 이에 응하는 기분으로 칼끝을 내리면서 후도를 견제한다. 쌍방의 칼이 마주치려는 순간 선도는 후도의 공세를 이기지 못해 오른발을 뒤로 당기며 좌상단세를 취한다.
1) 검선을 약간 높여 재빠르게 대 상단세를 취하면서 한 걸음 크게 들어간다.	1) 검선을 약간 높여 재빠르게 대 상단세를 취하면서 한 걸음 크게 들어간다. 2) 검선을 약간 높여 재빠르게 대 상단세를 취하면서 한 걸음 크게 들어간다.

선도가 물러나자 후도가 대상단세를 취하며 상호 중단으로 맞선다.

후도(흰 도복)	선도(검은 도복)
3. 중단으로 돌아온 선도에 대응하기 위해 후도 역시 중단으로 칼끝을 내린다. 이 때 손목을 치고 들어오는 선도의 칼을 왼발을 왼쪽으로 벌림과 동시에 작은 반원을 그리는 기분으로 스쳐올리며 '도' 하며 상대의 손목을 친다.	3. 즉시 왼발을 당겨 중단이 되고 기회를 보아 '야' 하고 기합을 넣으며 오른 손목을 친다.
1) 호를 그리며 스친 후 한 박자로 손목을 친다. 2) 격자부의 능각으로 스칠 것	1) 후도가 좌상단의 왼손목을 공격하려 하므로 즉시 중단세를 취한다. 2) 끊임없는 후도의 공세에 견디지 못해 오른발을 앞으로 내며 오른손목을 작은 기술로 친다.

선도가 작게 손목을 치자 후도는 칼을 스쳐 올려

후도가 호를 그리며 손목을 친다.

후도(흰 도복)	선도(검은 도복)
4. 왼발을 앞으로 내며 상단을 취함으로써 존심을 나타낸다. 선도의 움직임에 맞추어 오른발부터 물러나 중단으로 위치에 돌아간다.	4. 칼끝을 내리고 왼발부터 좌 후방으로 크게 1보 물러난다. 이어 후도의 충분한 존심을 확인한 후 오른발부터 움직여 중앙의 위치로 돌아온다.
1) 검선이 상대를 찌를 듯이 공세를 취하며 상단을 든다.	1) 스쳐 떨어진 선도의 칼날은 우하향하며 하단보다 조금 더 낮고 후도의 무릎을 약간 벗어난 정도가 좋다. 2) 크게 물러나는 이유는 후도의 먼 거리 존심(즉, 상단)을 유도하기 위함이다.

선도가 물러나자 후도가 대상단세를 취하며 상호 중단으로 맞선다.

자세를 풀며 칼을 내려 쉬어칼로 뒤로 5보 물러나 입례의 위치로 원위치한다.

⊙ 기본 걸리

선도	후도
· 선도 후도 모두 선의 기위로 3보 나온다.	
후도의 기세를 제압하지 못하고 뒤로 물러나 상단을 취한다. 상단에서 중단으로 내려온 후 기회를 보아 작은 기술(소기)로 상대의 손목을 공격한다.	하단에서 먼저 공격의 기회를 보며 중단으로 올린다. 중단에서 일보 크게 들어가며 대상단중단세를 취하면서 선도를 부단히 상대를 압박한다. 상대의 작은 손목 공격을 스쳐올려 손목을 반격한다.

⊙ 심사 및 지도 유의사항

선도	후도
1. 선도 후도 모두 작은 기술로 손목스냅을 이용하여 적절하게 손목을 치는가?	
2. 손목부위보다 좀 더 낮게 치는가? 3. 칼끝을 하단보다 낮게 내리며 반 좌향 후방으로 크게 물러나는가?	2. 재쳐치기가 아닌 스쳐치기를 한 박자로 하는가? 3. 칼끝이 상대를 찌르듯이 공세하며 좌상단을 취하는가?

⊙ 주의 사항 [잘못된 사례]

선도	후도
1. 작은 손목기술이 아니라 칼을 크게 들어 친다.	1. 작은 손목기술이 아니라 칼을 크게 들어 친다.
2. 중단으로 올라오는 후도의 칼을 누를 때 칼을 대각선으로 튼다. 3. 스쳐 떨어진 칼이 죽지 않고 살아서 상대를 겨누고 있다.	2. 재쳐치기로 두 박자가 된다. 3. 공세적이지 않고 수세적으로 칼을 올린다.

제3장 대도(大刀)의 본(本)

7. 대도 7본

중요 사항	대도 7본의 요점은 선도가 크게 머리를 치고 들어올 때 후도가 허리를 스쳐치고 나가는 것이다.

⊙ **선도** 몸을 던져 크게 들어가며 칠 것.

⊙ **후도**
1) 선도의 오른 무릎 쪽으로 스쳐 떨어트림.
2) 칼을 누른 다음에는 선도를 따라 갈 것.

⊙ **대도 7본 선도·후도 비교**

구분	선도	후도
자세	중단	중단
격자부	머리	머리
유형의 존심		허리칼
예외사항	왼발부터 두 동작으로 공격하고 시선이 일시적으로 떨어짐.	오른무릎을 바닥에 꿇음.

⊙ **대도 7본 연무 내용 설명**

1) 선도 후도 모두 선의 기위(氣位)로 일족일도의 거리에 도달했을 때, 선도는 기회를 보아 오른발부터 가볍게 한걸음 들어가며 후도의 가슴을 찌른다. 이때 후도는 기를 넣어 뒤로 물러나면서 양손을 쭉 뻗어 밑에서 위로 받치듯 찌르는 기세로 상대의 칼을 또 올린다. 이때 후도의 칼날 방향은 약간 왼쪽으로 틀어져 두 칼날의 방향은 같으며, 교차점은 어깨높이 정도이다. 선도 후도의 기위는 반반이다.

2) 서로의 중단이 된 후 선도는 후도의 기세에 눌려 왼발부터 먼저 나간 다음 오른발을 힘차게 내디딤과 동시에 몸을 버릴 각오로 과감하게 정중선으로 후도의 정면머리를 '야' 하며 내려친다. 이때 몸을 던져 쳐들어가기 때문에 선도의 몸이 약간 앞으로 굽게 된다. 이때 선도의 시선은 일시적으로 떨어지지만, 치고 나서 즉시 후도를 바라본다. 후도는 중단에서 선도가 몸을 던져 머리를 치고 들어올 때 오른발을 우전방 앞으로 약간 벌리고 왼발을 힘차게 오른발 앞으로 내디디며 '도' 하며 선도의 오른 허리를 스치듯이 마주나가며 친 후 오른발을 왼발의 대각선 앞으로 내디디며 오른 무릎을 가볍

게 꿇는다. 이어 허리칼 자세를 취하며 존심을 나타낸다. 이때 칼날은 우하향하며 오른쪽 발가락 끝과 왼쪽 무릎을 세운다. 두 번째 세 번째 발동작으로 허리를 칠 때 몸을 낮추며 한 박자로 움직여야 한다.

4) 선도는 고개를 돌려 후도의 존심을 확인한 후 상체를 일으켜 칼을 크게 들어 올리면서 오른발을 축으로 왼발을 뒤로 붙이고 후도와 정대하고 칼끝은 중단높이 정도로 한다. 후도도 동시에 허리칼에서 칼을 크게 들어 올리면서 오른 무릎을 축으로 해서 오른발을 오른쪽으로 이동하며 몸을 왼쪽으로 들어 선도와 정면으로 마주하며 선도와 칼을 맞춘다. 선도의 왼발을 뒤로 빼며 후도는 오른발부터 힘차게 내디디며 일어나 서로 중단이 된다. 이때 선도는 후도를 당겨 일으켜 세우는 듯이 왼발부터 뒤로 빠지고 후도는 충실한 기세로 오른발을 내디디며 한 걸음 나오며 일어나 서로 중단이 된다. 이후 선도 후도는 서로 칼이 떨어지지 않도록 주의하면서 왼발부터 중앙의 위치로 돌아간다.

대도 7본 실기 내용	
후도(흰 도복)	**선도**(검은 도복)
선도 후도는 스쳐 걷기로 3보 나아가 일족일도의 거리에 이른다.	
1. 선도가 찔러 들어오자 왼발부터 뒤로 물러남과 동시에 양손을 쭉 뻗으면서 타격부의 왼쪽 능각으로 떠받치듯 되 찌르는 기세로 상대의 칼을 떠 올린다.	1. 기회를 보아 오른발로 한 걸음 가볍게 들어가며 상대의 흉부를 찌른다.
1) 이때 후도는 칼을 왼쪽으로 약간 틀므로 선도 후도의 칼날 방향은 같다. 2) 선도 후도의 기위(氣位)는 반반이다. 3) 선도의 들어오는 거리에 맞춰 물러난다.	1) 동작은 가벼우나 기세가 들어간 강력한 찌름이다. 2) 칼날을 약간 오른쪽으로 비튼다. 3) 두 칼의 교차점은 대체로 어깨 높이이다.

상호 중단에서

일족일도의 거리에서 선도가 찌르자 후도는 뒤로 물러나며 선도의 칼을 받아 찌른다.

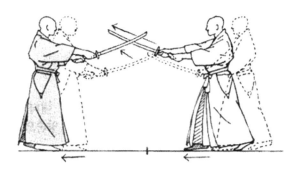

후도(흰 도복)	선도(검은 도복)
2. 중단에서 선도가 치고 들어오자 오른발을 우전방으로 약간 벌리면서 왼발을 그 앞으로 힘차게 내디디면서 '도' 기합과 함께 허리를 친 후, 오른발을 왼발 대각선 앞으로 내면서 오른무릎을 가볍게 꿇는다. 이어 허리칼 자세를 취하면서 존심을 나타낸다.	2. 서로 중단이 되어 왼발이 먼저 나가고 오른발을 내딛는 동시에 몸을 던지며 '야' 기합을 넣으면서 정면을 친다.
1) 첫 오른발을 벌릴 때 상체가 이동하면 안 된다. 2) 스치듯이 마주 나가면서 허리를 칠 때 시선이 떨어지면 안 된다. 3) 양손은 충분히 펴서 칼은 대략 팔의 연장선으로 반 우향 앞에 두고 칼날은 우 향한다. 4) 허리를 칠 때 두 번째 좌측 발과 세 번째 우측 발이 한 박자로 움직여야한다. 5) 몸을 낮추며 허리로부터 배까지 가능한 대각선으로 베는 것이 좋다. 6) 선도가 보자마자 거의 동시에 허리칼 한다.	1) 쌍방의 기위는 순간적으로 대등하지만 결과적으로 후도의 기세가 충실하게 되어, 선도는 이기에 눌려 먼저 공격하게 된다. 2) 일족일도의 거리에서 두 발이 나가기 때문에 첫발을 작게 동작을 빨리 일으키고 둘째발은 크고 힘차게 나가야 한다.

선도가 왼발부터 머리를 치고 들어갈 때, 후도는 오른발

왼발, 오른발 순으로 나가며 한박자로 허리를 스쳐치고

후도(흰 도복)	선도(검은 도복)
3. 후도도 동시에 허리칼 자세에서 칼을 크게 들어 올리면서 오른 무릎을 축으로 해서 오른발을 우측으로 이동하여 몸을 왼쪽으로 틀면서 선도와 정대하며 칼끝은 중단 정도 높이로 한다.	3. 고개를 돌려 후도의 존심을 확인한 후 상체를 일으켜 칼을 크게 들어 올리면서, 오른발을 축으로 왼발을 뒤에 붙이고 후도와 마주보고 칼끝을 중단 정도에서 맞춘다.
	1) 시선이 잠시 떨어지지만, 그 즉시 고개를 돌려 후도를 주시한다.

선도가 머리를, 후도가 허리를 친 후 서로 마주 본다

 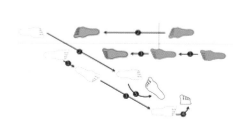

이어 후도가 허리칼 자세를 취한다.

후도(흰 도복)	선도(검은 도복)

4. 선도와 후도는 검선을 맞댄 후 선도는 후도를 당겨 일으켜 세우는 듯한 기분으로 왼발부터 뒤로 빠지고 후도는 충실한 기세로 오른발을 내디디며 한걸음 나오며 일어나 서로 중단이 된다. 서로 칼을 대고 떨어지지 않도록 하면서 왼발부터 움직여 중앙의 위치로 돌아온다.

1) 위치로 돌아가는 거리가 7:3 정도로 선도가 크기 때문에, 원래 거리조정의 책임은 선도에게 있지만, 이때는 후도에게 맞추는 것이 좋다.

2) 선도는 보통걸음과 속도로 후도는 작고 느린 걸음으로 칼을 맞대고 충만한 기세로 돌아가는 것이 좋다.

상호 크게 들어 칼을 맞추고

후도가 일어나 중단에서 칼을 맞추고

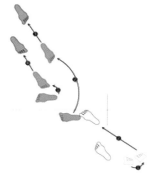

선도 후도 크게 돌아

상호 중앙의 위치로 돌아와 중단

후도(흰 도복)	선도(검은 도복)

7본이 끝나면 일단 납도하고 뒤로 5보 물러선 후 탈도하여 상호 인사한다. 소도본을 계속하는 경우 후도는 대도를 소도의 위치에 내려놓고 소도를 들고 나온다. 한편, 선도는 대도를 오른손에 들고 칼을 오른쪽 대퇴부에 올려놓고 기다리다가 후도가 나오면 일어나 서로인사한다. 입례의 위치(처음 시작했던 9보 거리)에서 칼을 허리에 차고 소도본을 계속한다.

이어 납도 하고

입례의 위치로 원위치 하고

칼을 탈도하고

오른손에 칼을 들고

상호 경례

⊙ 기본 검리

선도	후도
· 선도 후도 모두 선의 기위로 3보 나온다.	
· 상대의 가슴을 가볍지만 발은 강하고 확실하게 찌른 후 무위에 그치자 왼발부터 이족 일도로 몸을 던져 상대의 정면을 공격한다. · 선도는 후도의 기세에 눌려 공격하는 것이다.	상대의 들어오는 힘을 이용하여 옆으로 나가며 오른허리(右胴)을 스쳐 벤다.

⊙ 심사 및 지도 유의사항

선도	후도
1. 강한 정신력으로 찌르며 두 칼의 교차점의 높이가 적당한가?	
2. 이족일도로 몸을 던져 과감하게 치는가? 친후 몸이 앞으로 약간 숙었는가? 3. 위치로 돌아 올 때 후도보다 큰 원을 그리면서 도는가? 4. 후도의 충분한 존심 후 선도가 움직이며 크게 들어 올리는가?	2. 시선을 유지했는가? 3. 허리를 마주나가며 스치면서 한 박자로 치는가? 4. 몸을 낮추면서 허리를 치는가? 몸이 웅크러지지는 않는가?

⊙ 주의 사항 [잘못된 사례]

선도	후도
1. 찌른 후 두 칼을 쳐들어 머리 높이에서 높게 교차한다.	
2. 소극적으로 짧게 치거나, 왼발 오른 발 둘 다 큰걸음으로 너무 깊게 친다. 3. 후도가 존심을 취하는 중에 선도가 미리 움직인다. 4. 후도에 맞춰 큰 원을 그리면서 돌지 않아 원래의 위치로 돌아가지 못한다.	2. 허리 칠 때 시선이 떨어진다. 3. 스치지 않고 칼을 빼어 허공을 친다. 4. 몸이 구부러지며 허리를 친다. 5. 존심 후 칼을 들어 올릴 때 허리가 구부러지고 동작이 작다.

제4장 **소도**(小刀)**의 본**(本)
1. **소도**(小刀)**의 본**(本)**에서의 기본자세**

1. 소도(小刀) 중단세(中段)

대도를 잡은 두 손에서 왼손을 떼고 오른손으로 소도를 잡은 것이 소도 중단세이다.

2. 대 상단 중단반신세(對 上段 中段半身勢)

대 상단 중단반신세는 소도 중단세에서 오른손과 오른발을 소도의 검선과 대도의 칼끝의 길이가 대체로 같아질 때까지 똑바로 내밀며 왼쪽 어깨를 뒤로 당긴다.

이때 칼끝은 상대의 얼굴 높이 정도이다.

3. 대 하단 중단반신세(對 下段 中段半身勢)

　대 하단 중단반신세는 소도 중단세에서 오른손과 오른발을 소도의 칼끝과 대도의 칼끝의 길이가 대체로 같아질 때까지 똑바로 내밀며, 어깨를 뒤로 당긴다. 이때 칼끝은 상대의 가슴 높이 정도이다.

4. 하단반신세(下段半身勢)

　대 중단 하단반신세는 칼끝을 대도하단 정도 내리는 것 이외에는 다른 소도 자세와 대체로 같다.

제4장 소도(小刀)의 본(本)

2. 소도 1본

| 중요
사항 | 소도 1본의 요점은 대도의 크게 내려치는 칼을 왼쪽으로 받아 흘리고 머리를 치는 것이다. |

◎ 소도 1본 선도 · 후도 비교

구분	선도	후도
자세	좌상단	중단반신세(대 상단)
격자부	머리	머리
유형의 존심		우상단

◎ 소도 1본 연무 내용 설명

1) 선도는 왼발을 앞으로 내며 좌상단, 후도는 대 상단 중단반신세를 취한다. 선도는 왼발, 후도는 오른발로 3보 나아가 후도가 입신하려 하자, 선도는 오른발을 내디디면서 정중선으로 후도의 정면머리를 '야' 하는 기합과 함께 내려친다.

2) 이때 후도는 오른발을 반우향 앞으로 내디디며 선도의 칼을 좌측 능각으로 받아 흘린 후 '도' 하며 선도의 머리를 크게 친다. 후도는 칼을 머리위에서 좌측 능각으로 정확히 스쳐 막아야 한다.

3) 선도는 시선을 떼지 말고 얼굴이 후도를 향하도록 하며, 후도는 1보 뒤로 물러나면서 칼을 들어 상단을 취하며 존심을 나타낸다. 후도의 존심을 확인한 선도는 칼을 중단에서 서로 맞춘 후 중앙으로 돌아간다.

소도 1본 실기 내용	
후도(흰 도복)	**선도**(검은 도복)

상호 예가 끝난 후 왼쪽 허리에 칼을 차고 크게 3보 나아가 칼을 뽑아 선도 후도 중단으로 칼을 맞춘 다음 칼끝을 내리고 뒤로 5보 물러난다. 입례의 위치에서 칼을 올려 중단세를 취한 후. 선도는 좌상단, 후도는 대 상단 중단반신세로 전환, 선도 후도 모두 스쳐 걷기로 3보 나아가 거리에 이른다.

1) 후도의 대 상단 중단반신세는 오른발을 약간 앞으로 내며 왼쪽 어깨를 뒤로 당기고 칼끝은 선도의 얼굴 중심 높이로 약간 높은 듯한 자세이다.

상호 중앙의 위치로 돌아와 중단

중앙에서 칼을 맞춘 후 칼끝을 내려,

뒤로 5보 입례의 위치로 물러나 상호 중단세를 취한다.

선도는 좌상단 후도는 대 상단 중단반신세를 취한다.

크게 3보 나아가 후도가 입신 하려할 때

후도(흰 도복)	선도(검은 도복)
1. 일족일도의 거리에 이른 후 후도는 입신(入身)하려고 한다.	1. 일족일도의 거리에 이르러 후도가 입신하려고함에 따라 오른발로부터 후도의 정면머리를 향해 '야' 하는 기합 소리와 함께 크게 친다.
1) 이때 입신(入身)은 짧은 칼을 가진 후도가 적극적으로 뛰어들며 상대의 손목을 공격하려는 상태이나 겉으로 드러나지 않는다. 2) 입신은 충실한 기세로 해야 한다.	1) 반동을 받아 치면 안 된다. 2) 정면을 바르게 내려친다. 3) 선도의 시선이 떨어지면 안 되고 얼굴은 후도를 향한다

선도는 후도의 정면을 친다.

후도(흰 도복)	선도(검은 도복)
2. 후도는 오른발부터 우측대각선 앞으로 몸이 나가며 동시에 왼쪽능각으로 상대의 칼을 받아 흘리며 '도' 하는 기합과 함께 선도의 정면을 친다.	2. 후도의 정면을 크고 강하게 친다.
1) 우수는 머리위로 올리고 칼날은 뒤로 향하게 하며 왼쪽능각으로 선도의 칼을 스쳐 흘린다. 2) 이때 수내작용(手內作用)은 부드럽게 해야 한다. 3) 오른발부터 몸이 나갈 때 몸이 너무 열리지 않게 한다.	1) 친 칼날은 직하한다.

후도가 선도의 머리를 친 후에 상단으로 존심을 취하고

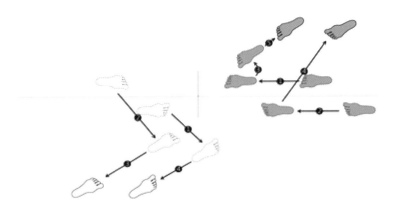

후도(흰 도복)	선도(검은 도복)
3. 왼발부터 일보 뒤로 물러나며 상단으로 존심을 나타낸다.	3. 후도의 존심을 확인하고 왼발부터 중단 세로 돌아간다.
1) 상단을 취하기 전 상대의 얼굴에 칼을 댈 필요는 없다. 2) 머리를 확실히 친 후 존심을 나타내야지 반사적으로 상단을 취해서는 안 된다. 3) 오른 주먹은 이마 앞 위로 들고 칼끝은 대각선 뒤를 향한다.	

4. 후도는 선도의 움직임에 따라 중단세로 돌아간다.

5. 선도 후도 상호 왼발부터 칼을 뽑았던 중앙으로 돌아와 칼끝을 내리고 5보 물러나 처음 시작한 위치로 돌아간다.

상호 중단으로 칼을 맞추고 이어서 칼끝을 내리고

뒤로 5보 물러난다.

입례의 위치에서 중단으로 맞선다.

⊚ 기본 검리

선도	후도
· 선도는 좌상단, 후도는 대 상단 중단반신세로 나아간다.	
후도가 입신하려 함에 머리를 큰 기술로 느리지만 강하게(대도 5분과 유사하게) 머리를 공격한다.	선도와 맞치는 기분으로 우전방으로 나가며 머리 위로 스쳐 올려 선도의 칼을 흘린 후 정면을 친다.

⊚ 심사 및 지도 유의사항

선도	후도
1. 큰 기술로 완강(느리고 강하게)하게 치는가? 2. 허리를 강하게 집어 넣은 후 상체는 꼿꼿한가? 3. 상단에서 반동을 받아치는가?	1. 유연한 수내작용으로 능각으로 흘려 내려 막는가? 2. 방어할 때 주먹이 머리위로 올라가는가? 3. 선도의 정면을 타격한 후 반사적으로 상단을 취하지는 않는가?

⊚ 주의 사항 [잘못된 사례]

선도	후도
1. 강하게 너무 빨리 친다. 2. 타격 후 허리가 굽는다. 3. 반동을 받아 머리를 친다.	1. 칼날로 스쳐막는 경우가 빈번하다. 2. 상대의 칼을 머리보다 낮게 막는다. 3. 머리 친 직후 너무 빨리 반사적으로 상단세를 취한다.

제4장 소도(小刀)의 본(本)

3. 소도 2본

> **중요 사항** 소도 2본의 요점은 대도의 크게 내려치는 칼을 오른쪽으로 받아 흘려 머리를 치는 것이다.

◎ **선도** 한 동작으로 머리를 칠 것.	◎ **후도** 1) 머리위에서 우측 능각으로 정확히 받아 돌릴 것. 2) 존심시 발동작이 없으므로 거리를 가깝게 잡을 것.

◎ 소도 2본 선도 · 후도 비교

구분	선도	후도
자세	하단	중단 반신세(대 하단)
격자부	머리	머리
유형의 존심	허리칼	팔을 잡으며 목을 겨눈다.

◎ 소도 2본 연무 내용 설명

1) 선도는 하단, 후도는 대 하단 중단반신세로 3보 나아가 선도가 수비의 의지로 칼을 중단으로 올려올 때 후도는 칼을 대각선으로 비틀며 선도의 칼을 억제하며 입신하려한다. 이에 선도가 우측 발을 뒤로 당기며 허리칼로 물러날 때 후도는 즉시 중단 겨눔으로 1보 나가며 재차 입신하려한다.

2) 후도의 입신에 맞춰 선도는 허리칼로부터 상단으로 변화시켜 오른발을 힘차게 나가며 정중선으로 후도의 정면머리를 '야' 하며 내려친다. 이때 후도는 왼발을 반 좌향 앞으로 내디디며 선도의 칼을 우측 능각으로 받아 흘린 후 '도' 하며 선도의 머리를 친 후 오른발을 그 뒤로 즉시 당겨 붙인다. 머리를 치고 난 후 후도는 상대의 팔을 위에서부터 누르면서 잡고 오른손 주먹을 오른 옆구리에 대고 칼날을 오른쪽 대각선으로 향하게 하여 상대의 목을 겨눈다.

3) 선도는 왼발, 후도는 오른발부터 움직여 서로 중단으로 칼을 맞춘 후 중앙의 위치로 돌아간다.

소도 2본 실기 내용	
후도(흰 도복)	**선도**(검은 도복)

선도 하단, 후도 대 하단 중단반신세로 변환, 선도 후도 모두 스쳐 걷기로 3보 나아가 일족일도의 거리에 이른다.

1) 후도의 대 하단 중단반신세는 오른발을 약간 앞으로 내며 왼쪽 어깨를 뒤로 당기고 칼끝은 선도의 가슴 높이로 약간 낮은 자세이다.

상호 중단에서

선도 하단, 후도 하단반신세로 전환한 후

3보 나아가 일족일도의 거리에 이른다.

후도(흰 도복)	선도(검은 도복)
1. 일족일도의거리에 접근하여 선도가 칼을 올릴 때 칼날을 대각선 오른쪽으로 비틀며 천천히 내리면서 상대의 칼을 제압하며 입신(入身)하려고 한다. 이에 상대가 물러나자 다시 중단 겨눔으로 상대의 목을 겨누며 1보 따라 들어간다.	1. 일족일도의 거리에서 수세적으로 하단에서 중단으로 올리는 순간, 후도가 입신해 올때 오른발을 뒤로 당기며 허리칼로 물러난다.
1) 선도의 칼을 제압하면서 입신한다(1차 입신). 2) 상대의 목 높이 중단으로 공세 한다(2차 입신).	1) 지키려는 의미로 칼끝을 올린다. 2) 허리칼 할 때 팔 동작은 작고 빠르게 이동하며 칼날은 우하향한다. 3) 허리칼 할 때 오른발을 크게 뒤로 당긴다(상대가 입신하려고 하기 때문에 거리를 확보하며 물러나는 것이다).

후도가 입신하려하자 선도가 물러나고 후도가 따라간다.

후도(흰 도복)	선도(검은 도복)
2. 선도가 머리를 공격하자 후도는 왼발부터 좌측 대각선 앞으로 몸이 나가는 동시에 오른쪽 능각으로 상대의 칼을 받아 흘리며 '도' 하는 기합과 함께 선도의 정면을 친다. 그리고 선도의 상박부(관절 약간 위)를 위로부터 누르면서 잡고 칼끝은 목을 겨누며 존심을 취한다.	2. 허리칼로부터 좌상단으로 바꾸어 오른 발을 내면서 후도의 정면머리를 향해 '야' 하는 기합과 함께 정면을 친다.
1) 받아 흘리고 치는 것은 가급적 한 박자로 한다. 2) 상대방 팔의 자유를 억제한다. 3) 오른손 주먹을 오른 허리에 댄다. 4) 존심을 취할 때 몸은 절도 있게 한다.	1) 상단으로 들어 올리는 정도는 양팔사이로 상대가 보일 정도이다. 2) 경사지게 옆으로 치지 말 것 3) 옆구리에서 상단으로 올려 치고 들어가는 동작은 연속적으로 한 박자로 이어지는 것이 좋다. 4) 상체(허리)를 강하게 앞으로 넣으면서 치지 않으면 상체가 굽어지기 쉽다.

좌상단에서 머리를 치자

후도는 이를 스쳐 올려 막아

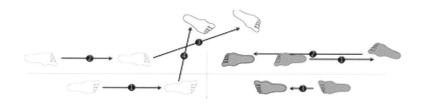

머리를 치고 이어 팔을 잡으며 목을 겨눠 존심을 취한다.

후도(흰 도복)	선도(검은 도복)

선도는 왼발부터 후도는 오른발부터 움직여 서로 중단으로 칼을 맞춘 후 중앙으로 돌아와 자세를 풀고 5보 물러나 처음 시작한 위치로 돌아간다.

상호 중단으로 칼을 맞추고 이어서 칼끝을 내리고

뒤로 5보 물러난다.

입례의 위치에서 중단으로 맞선다.

⊙ 기본 검리

선도	후도
· 선도는 좌상단, 후도는 대 하단 중단반신세로 나아간다.	
하단에서 중단으로 올라가려는데 후도가 이를 억제하며 입신하려하자, 선도는 일단 허리칼로 물러났으나, 후도가 재차 입신하려하므로 머리를 공격한다.	선도와 맞치는 기분으로 좌전방으로 나가며 머리 위로 스쳐 올려 선도의 칼을 받아 흘린 후 정면을 친다.

⊙ 심사 및 지도 유의사항

선도	후도
1. 큰 기술로 완강하게 타격하는가?	1. 유연한 수내작용을 사용하여 상대 칼을 능각으로 흘러내려 막는가?
2. 허리를 강하게 집어넣은 후 상체는 꼿꼿한가?	2. 방어할 때 주먹이 머리위로 올라가는가?
3. 허리칼에서 상단으로 들어 올려 머리치는 동작이 한 박자인가?	3. 선도의 정면을 타격한 후 반사적으로 존심을 취하지는 않는가?

⊙ 주의 사항 [잘못된 사례]

선도	후도
1. 강하게 너무 빨리 친다.	1. 머리 아래에서 칼날로 스쳐 막는 경우가 빈번하다.
2. 반동으로 머리를 치며 타격 후 허리가 굽는다.	2. 머리 친 후 너무 빨리 움직인다.
3. 허리칼에서 머리를 칠 때 두 박자 내지 세 박자가 된다.	3. 존심을 취할 때 한 걸음 나가며 상체를 상대에게 가까이 접근시킨다.

제4장 소도(小刀)의 본(本)

4. 소도 3본

중요 사항	소도 3본의 요점은 대도의 크게 머리치는 칼을 소도로 머리위에서 스쳐올려 선도의 오른무릎 쪽으로 스쳐 떨어뜨리고 이어 선도가 대각선으로 허리를 공격할 때 소도를 스쳐 흘리고 다시 스쳐 넣어 상대를 제압하는 것이다.

> **선도** 허리를 대각선으로 크게 제대로 칠 것. | **후도**
> 1) 선도의 오른 무릎 쪽으로 스쳐 떨어트림.
> 2) 칼을 누른 존심 다음에는 선도를 따라 갈 것.

> ## 소도 3본 선도·후도 비교

구분	선도	후도
자세	하단	대하단반신세
격자부	머리 및 허리	칼을 누름
유형의 존심		목을 겨눔
예외사항		원위치 할 때 왼발부터 이동함.

> ## 소도 3본 연무 내용 설명

1) 선선도는 중단으로 오른발, 왼발을 내며 앞으로 나오고, 후도는 하단반신세로 오른발, 왼발 나오면서 후도가 입신하려하자 선도가 3보째 양손을 들어 올려 후도의 정면머리를 '야' 하며 내려친다. 이때 후도는 선도의 칼을 일단 스쳐 올린 후, 선도의 오른쪽 옆으로 스쳐 떨어뜨린다.

2) 선도는 즉시 왼발을 반좌향 앞으로 내디디며 후도의 허리를 친다. 이때 후도는 왼발을 좌측 대각선 앞으로 내밀며 상대의 칼을 왼쪽 능각으로 스쳐 흘리고 나서 즉시 좌측 능각으로 선도의 코등이 끝까지 스쳐 넣으며 '도'기합과 동시에 선도의 코등이 밑을 직각으로 누르고 오른발을 당긴다.

3) 선도는 오른발부터 반좌후방으로 3보 물러나며 후도는 왼발부터 3보 공세하면서 따라 들어가 칼끝으로 선도의 목을 겨누며 존심을 취한다.

4) 선도는 오른발부터 후도는 왼발부터 서로 중단이 되면서 칼을 맞춘 후 중앙으로 돌아간다. 이어 칼을 납도하고 입례의 위치로 돌아와 탈도하여 오른손으로 칼을 들고 상호 인사를 한다. 이어 본부석에 인사하며 종료한다.

소도 3본 실기 내용	
후도(흰 도복)	**선도**(검은 도복)
하단반신세	중단
1. 하단 반신세로 오른발, 왼발로 들어가 거리에 접근하면서 3보째 입신(入身)하려고 한다. 이때 선도가 그 기미를 알고 먼저 머리를 쳐오면 일단 그 칼을 스쳐올려서 선도의 오른쪽 뒤쪽으로 스쳐 떨어뜨린다.	1. 중단으로 오른발부터 시작하여 왼발을 앞으로 내며 중앙의 위치로 들어가려고 할때 후도가 입신하려고 함에 따라 양손을 들어올려 세 번째 스텝에서 오른발을 힘껏 내디디며 '야' 하는 기합과 함께 정면을 친다.
1) 왼쪽 능각으로 상대의 왼쪽 능각을 스쳐올린 후 즉시 스쳐 떨어뜨린다. 2) 스쳐 올릴 때 손목을 부드럽게(소지와 약지의 힘으로) 하고 오른 주먹이 너무 높이 올라가지 않도록 한다. 3) 스쳐 떨어뜨린 후도의 칼끝은 선도의 몸에서 약간 벗어나며 대략 복부 정도이다. 후도의 주먹은 거의 수직으로 내려온다. 4) 스쳐 떨어뜨릴 때는 선도의 자세를 뒤쪽으로 무너뜨린다는 기분으로 한다.	1) 후도의 하단에 대해 선도는 중단에서 칼을 내리지 않는다.

선도는 중단, 후도는 하단세를 취한 후

상호 3보 나아가다 후도가 입신 하려하자 선도가 정면머리를 친다.

후도는 이를 스쳐 올려 막고

스쳐 뿌린다.

후도의 허리에 틈을 보고 즉시 허리를 크게 친다.

후도(흰 도복)	선도(검은 도복)
2. 왼발을 반좌향 앞으로 내딛고 몸을 반우향으로 벌리는 동시에 허리를 쳐 들어오는 선도의 칼을 왼쪽 능각으로 받아 흘리고 나서 그대로 왼쪽능각으로 상대의 코등이까지 스쳐 넣어 칼날을 세워 선도의 코등이 밑을 누르면서 '도' 하는 기합과 함께 선도의 오른팔을 누르며 잡는다. 이때 오른발을 당기면서 앞으로 들어가 입신한다.	2. 즉시 왼발을 반좌향 앞으로 내디디며 후도의 오른 허리를 친다.
1) 오른 주먹이 옆으로 일자(一)가 되도록 복부 앞을 지나서 오른쪽으로 왼쪽 능각으로 선도의 칼을 스쳐 흘린다. 2) 스쳐 넣은 후 칼과 칼이 '十'자가 되어 90도로 교차한다. 3) 관절보다 약간 위(상박부)를 약간 옆으로 누르며 팔의 자유를 억제한다.	1) 상대의 허리에 틈이 생긴 후 치는 것이므로 칼 끝을 뒤로 돌리지 말고 자연스럽게 머리위로 올리며 왼쪽 위에서 대각선으로 내려며 빨리 치는 것이다. 2) 허리를 칠 때 약간 높게 제대로 쳐야 후도가 칼이 빠지지 않게 스쳐 흘릴 수 있다. 3) 허리를 칠 때 충실한 기세가 있어야 되지만 기합을 넣으면 안 된다.

스쳐 흘리고 스쳐 넣으면서 선도의 팔을 잡으며 옆으로 누른다.

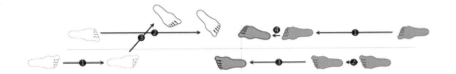

후도(흰 도복)	선도(검은 도복)
3. 왼발부터 3보 공세로 힘차게 따라 들어가 칼끝을 목에 겨누며 존심을 나타낸다.	3. 반좌향 후방으로 오른발, 왼발, 오른발 순으로 물러난다.

1) 소도2본의 존심과 대체로 같다.

후도는 선도를 따라가 존심을 취한다.

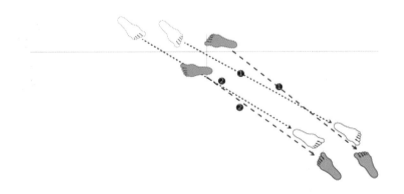

4. 선도의 움직임을 따라 왼발부터 중단을 취하면서 중앙의 위치로 돌아간다.	4. 후도의 존심을 확인하고 오른발부터 중단세를 취하며 중앙 위치로 돌아간다.

3보 중앙으로 돌아가 중단으로 칼을 맞춘다.

선도 후도 칼을 납도 하고

뒤로 5보 원위치로 간다.

입례의 위치로 돌아와 탈도한 후

상호 인사하고

본부석을 향하여 인사한다.

⊙ 기본 검리

선도	후도
· 선도는 중단, 후도는 대 중단 하단반신세로 나아간다.	
후도가 입신하려 함에 따라 3보 째 머리를 공격하나, 후도가 스쳐올려 막고 칼을 스쳐 떨어뜨림으로 그 힘을 이용하여 비어있는 후도의 허리(右胴)를 즉시 크게 친다.	횡일자로 상대 칼을 스쳐 흘리고 스쳐 넣으며 선도의 칼을 제압한다.

⊙ 심사 및 지도 유의사항

선도	후도
1. 선도는 세번째 스텝에서 한 박자로 머리를 치는가?	1. 부드러운 손목으로 선도의 칼을 스쳐 올리고 또 스쳐 떨어뜨리는가?
2. 허리의 틈을 보고 제대로 허리를 치는가?	2. 수평 옆으로 허리 공격을 스쳐 흘리는가?
3. 머리 칠 때 기합을 넣는가?	3. 스쳐 들어가 손목을 세워 상호 코등이가 직각이 된 상태에서 상대 칼을 제압하면서 기합을 넣는가?
4. 허리 타격 시 왼발을 적절히 벌리며 오른발이 즉시 따라 붙는가?	4. 선도가 물러날 때 따라가는가?

⊙ 주의 사항 [잘못된 사례]

선도	후도
1. 두 번째 스텝에 칼을 들고 세 번째 스텝에서 치므로 두 박자가 된다.	1. 오른손을 꽉 잡고 어깨로 상대칼을 힘껏 뿌린다.
2. 허리를 너무 낮게 쳐 후도가 방어할 수가 없다.	2. 수평으로 스쳐 흘리지 않는다.
3. 허리 칠 때 기합을 넣는다.	3. 상대의 칼을 코등이가 서로 직각이 되도록 누르지 않아 상대의 칼이 살아있다.
4. 왼발을 좌측으로 너무 크게 벌려 타이밍이 맞지 않으며 뒷발이 늦는다.	4. 공격 후 후도가 선도를 밀고 들어간다.

제3부

검도본
유의사항 및
지도 요령

1. 검도본 심사에서 흔히 하는 실수

필자는 60년대부터 검도본심사의 수험자로서 또 90년대부터는 심사자로서 오랜 경험을 해 왔으므로 이를 바탕으로 이 부분을 쓰고자 한다. 검도승단심사에서는 검도본 과목에 과락하면 불합격이 되지만 A+를 받더라도 특별한 혜택은 없다. 따라서 검도본심사에서는 실수를 최대한 줄여 우선 과락을 면하는 것이 심사합격의 관건이 될 것이다. 물론 검도본을 실수 없이 잘 할 수 있으면 좋겠지만, 오늘날 검도본은 너무나 정형화되어 있어 어느 누구도 완벽하게 할 수 없게끔 되어있다. 특히 심사장에서는 대개 초면인 사람과 한 조가 되는데 어떻게 장단고저를 쉽게 맞추며 호흡을 같이 할 수 있겠는가? 여간 어려운 일이 아니다. 따라서 좋은 자세를 취하여 가능한 한 실수를 줄이는 것이 무난한 전략적 선택이라고 생각한다.

검도본 심사장에서 일어난 큰 사고는 후도가 선도의 머리를 실제로 베거나 또는 소도본 심사에서 선도가 후도의 손가락을 벤 경우가 있었으며, 대도 7본에서 서로 찌르거나 둘 다 허리를 쳐 하마터면 다칠 뻔한 적도 있었다. 이런 큰 실수를 하거나 순서를 잊어버리는 경우는 단 한 번만의 실수로도 당연히 불합격이 되겠지만, 사소한 실수는 대체로 한 두 번은 허용되기도 한다.

심사장에서 수험생들이 흔히 하는 실수를 심사자의 입장에서 각 검도본 별로 정리해 보면 다음과 같다.

대도 1본 선도는 좌상단세가 제대로 되어 있지 않으며, 뒷발이 과도하게 틀어지고, 칠 때 칼이 짧고 약한 경우가 빈번하다. 후도는 너무 빨리 뒤로 물러나며 또 크게 넘겨 반동을 받아 치는 사람이 많다.
선도, 후도 중 한 사람의 보폭이 작아 일족일도의 거리에 도달하지 못하기도 한다.

대도 2본 선도의 몸과 칼이 정중선을 벗어나거나 상대의 손목을 치지 않고 그 옆을 치는 사람이 많다. 후도는 칼을 너무 빨리 빼며 작게 물러났다 크게 들어가 거리가 가깝게 된다. 또한 칼을 돌려 치는 사람도 종종 발견된다.

대도 3본 선도 후도 모두 기 겨루기(기쟁)를 하지 않고 하단에서 중단으로 칼이 기계적으로 올라온다. 선도는 명치가 아닌 가슴을 높게 찌르며 이후 후도의 찌름을 막을 때 칼날을 좌우로 틀면서 가볍게 좌우로 누르지 않고 후도의 칼을 좌우로 쳐내거나 강하게 누르는 경우가 있다. 후도는 너무 빠르고 강하게 막으며 두 번 찌르는 경우가 많이 발견되며 또 잔발로 따라 들어가지 않고 보통걸음과 느린 속도로 밀고 들어간 후 칼끝을 올리기도 한다.

대도 4본 선도의 찌른 칼이 미끄러져 내려가지 않고 높게 남아 있으며 몸이 칼을 따라 옆을 향한다. 후도의 허리칼이 정면에서 보이며 칼끝이 하단보다 높다. 또한 후도가 선도의 칼을 감아 돌린 후 작고 빠르게 치거나 또는 두 박자가 된다.

대도 5본 선도가 좌상단에서 상대의 머리가 아닌 칼을 겨냥해 짧게 치거나, 친 후 1본과 같이 허리가 굽는다. 후도는 머리 위에서 막지 않고 그 아래에서 막거나, 칼을 뒤로 크게 넘겨 두 박자로 반격하는 경우가 많다.
이후 물러나며 좌상단을 취하고 다시 중단을 취하는 속도가 알맞지 않다. 또한 존심을 반사적으로 취하기도 한다.

대도 6본 선도는 칼을 직하로 내리면서 기로 누르지 않고 칼을 비튼다. 또한 손목 스냅으로 작게 치지 않고 들어서 크게 친다. 후도는 우측 능각으로 스쳐 한 박자로 치지 않고 제쳐 치거나 또는 빼어 치기로 한다.

대도 7본 선도가 3본의 찌름과 같이 깊게 찌른다. 또 선도가 머리를 칠 때 왼발이 크게 나가 거리가 가깝게 된다. 후도가 선도와 같은 방법으로 누르면서 맞찌른다. 마주 찌른 칼의 교차점이 높다. 또한 허리를 칠 때 시선이 떨어지거나 상대 허리가 아닌 허공을 벤다.
상호 공반 후 칼을 맞출 때 허리가 굽고 작은 동작으로 한다.

소도 1본 선도가 후도의 입신에 치는 것이 아니고 대도본과 같이 기회를 보고 치는 경우가 빈번하며, 또한 너무 강하고 빠르게 친다. 후도가 입신을 하지 않으며, 기다렸다가 작고 빠르게 스쳐 막고 친다. 이후 존심을 반사적으로 취한다.

소도 2본 선도가 물러날 때 작은 발로 칼은 높게 들어 허리칼 하며 두 박자 타격이 많다. 후도는 똑바로 선도의 칼을 누른 후, 두 번의 입신이 없이 머리 아래에서 칼날로 막고 작게 친 후에 반사적으로 너무 빨리 존심을 취한다.

소도 3본 선도가 2보 째 칼을 들고 3보 째 친다. 또한 허리를 낮게 또 느리게 친다. 후도는 네 번의 스치는 기술 중 두 번째 스쳐 떨어뜨리기가 약하며, 세번 째 스쳐 흘리기 과정이 생략된 채 네번 째 스쳐 넣기를 하는 경우가 많다. 이후 후도가 선도를 따라가지 않고 밀고 들어간다.

　이상의 실수 중 명백히 들어나는 실수는 대도 4본의 허리칼 높이가 높거나, 대도 7본의 시선 떨어지는 것이지만, 심사위원이 옆에서 보는 점을 감안하면 대도 1본의 거리, 대도 5본의 공반의 위치나 상단의 칼이 눕거나, 허리칼의 칼끝이 높은 경우는 가장 쉽게 발견되는 실수이므로 특히 조심하는 것이 좋겠다. 또한 양발이 벌어지거나 뒷발이 틀어지는 경우도 생각보다 자주 발생한다.

　심사를 하다 보면 선도보다 후도가 많이 떨어지는 경향을 발견하게 된다. 정확한 통계는 없지만 약 6:4 정도로 후도가 불리하다. 그 이유는 첫째 소도본을 잘못하기 때문이고, 둘째로는 다양한 기술을 사용하다 보니 그만큼 약점이 많이 노출되는 것도 사실이다. 셋째로 선도의 리드가 부실한 경우 또한 종종 발견된다. 그러나 검도본 수련을 많이 하여 숙달되면 기술로 하는 후도가 기세로 하는 선도의 역할보다 쉽다는 것을 깨닫게 될 것이다. 훈련량이 부족해 후도의 역할이 더 어려운 것이므로 검도본을 바르게 이해한 후 수시로 연마해 실수를 줄여 나갈 것을 권장한다.

2. 검도본 심사에서 해야 되는 것 하면 안 되는 것

가. 검도본에서 해야 되는 것

대 도 본		
부분	선도	후도
대도 1본	상단에서 크게 들어 빠르고 강하게 정면을 칠 것. 후도가 충분한 존심을 취한 후 움직일 것.	선도의 공격을 끝까지 보다 마지막 순간에 칼끝방향으로 칼을 뒤로 빼 한 박자로 칠 것.
대도 2본	크게 들어 정중선으로 손목 높이 보다 약간 낮게 칠 것.	끝까지 보다 마지막 순간에 빠르게 자연스런 커브를 그리며 뒤로 물러났다 한 박자로 크게 칠 것.
대도 3본	방어할 때 좌우자연체가 되어 칼을 좌우로 누르면서 후도의 목을 겨눌 것.	첫 번째는 되찌름이며 두 번째는 위협이므로 단호한 기세로 왼발을 내밀 것. 물러나는 선도를 놓치지 않게 작고 빠른 걸음으로 따라갈 것.
대도 4본	칼을 상단으로 들어 크게 쭉 뻗어 정중선을 친 후 순간멈춤이 발생함. 상대칼을 누르면서 찌르므로 공격 후 칼끝이 자연히 내려감.	칼을 상단으로 들어 크게 쭉 뻗어 정중선을 친 후 순간멈춤 발생함. 칼을 감아 돌리며 빼 한 박자로 크게 정면을 침.
대도 5본	상단에서 크게 들어가며 다소 느리지만 강하게 턱까지 벤 후 스친 칼은 우측 아래로 떨어짐(칼날은 반좌향).	머리 위에 가까이 왔을 때 가볍고 빠르게 당기면서 스쳐 올린 후 한 박자로 정면을 침.
대도 6본	후도를 기세로 누르기 위해 칼을 똑바로 내리다가 못 견뎌 뒤로 물러나며 상단을 취함. 상단에서 중단으로 내린 후에도 지속되는 상대의 공세에 못 견뎌 선제공격 함.	공세를 취하며 중단으로 올리다 크게 일보 들어가며 상단의 왼 손목을 겨눔. 공세를 늦추지 않음. 한 박자로 스쳐 친 후 찌르듯이 상단 존심을 취함.
대도 7본	발은 경쾌하지만 칼은 확실하게 찌르며 상대를 위협함. 상대의 기세에 눌려 변칙적인 2족1도의 공격을 함. 왼발은 작고 빠르게 오른발은 과감하게 몸을 던지며 정면을 침.	상대 칼을 받쳐 올리는 기분으로 높지 않게 방어함. 중단에서 지속적으로 상대를 압박한 결과 치고 나오는 선도의 허리를 배까지 몸을 낮추면서 스쳐 벤 후 오른 무릎을 꿇음. 두 번째와 세 번째 스텝은 한 박자가 됨.

소 도 본		
부 분	선 도	후 도
소도 1본	대체로 5본과 같은 기분으로 다소 느리지만 크고 강하게 치며 스친 칼은 직하함.	오른 주먹이 얼굴 중심을 지나 머리 위까지 올라가며 스쳐 올림. 이후 크게 들어 올려 정면을 침.
소도 2본	수세적으로 칼을 올리다 크게 물러나 허리에 대는 즉시 상단으로 올려 크게 한 박자로 머리를 침.	칼날을 우하로 틀면서 첫 번째 입신, 따라 들어가며 두 번째 입신 이후 스쳐올리고 정면을 크게 침. 상대의 팔을 아래로 누르면서 목을 겨누며 존심을 취함.
소도 3본	3보째 뛰어 들어 오려는 상대의 정면을 선제 공격한 후 실패하자 상대 허리의 빈틈을 보고 재차 공격함.	2보에서 3보째 나가면서 입신함. 스쳐 올린 후 즉시 유연하지만 강한 스냅으로 상대 칼을 몸 뒤 쪽으로 스쳐떨어뜨림. 배 높이 수평 옆으로 스쳐 흘리고 스쳐넣으면서 상대 몸 쪽으로 들어감. 팔을 옆으로 밀고 칼을 누르면서 3보 따라들어가 목을 겨누며 존심을 취함.

나. 검도본에서 하면 안되는 것

부분	선도	후도
대도 1본	반동을 받아치거나 작고 짧게 침. 좌상단 : 칼과 몸이 지나치게 틀어짐.	칼끝을 뒤로 수평 이하로 넘겨 반동을 받아서 침.
대도 2본	정중선을 벗어나 옆을 침.	돌려서 옆으로 침.
대도 3본	좌우 자연체가 아닌 반신세가 됨.	두 번 찌름. 큰 걸음 보통 속도로 따라감.
대도 4본	어깨칼 : 칼 높이가 높거나 낮음. 찌른 후 칼끝이 높음.	허리칼 : 칼끝이 높으며 오른발이 직각이 되거나 뒤꿈치가 붙음. 작게 감아서 빨리 침.
대도 5본	머리 앞을 짧게 상대 칼을 침. 하단까지 강하게 내려침.	머리 아래에서 막음. 크게 넘겨 두 동작으로 침.
대도 6본	손목스냅을 이용하지 않고 크게 들어 침. 물러날 때 칼이 살아서 상대를 향함.	제쳐서 두 박자로 침. 오른손을 쥐고 눌러 침.
대도 7본	가볍고 빠르게 찌르지 않고 깊이 찌름. 왼발동작이 커 느리며 너무 깊음.	시선이 떨어짐. 선도보다 먼저 치거나 느려서 허공을 침.

(대도본)

소 도 본		
부 분	선 도	후 도
소도 1본	후도가 입신 할 때 쳐야 하는데 너무 느리거나 빠르고 강하게 침.	입신 없이 오히려 후도가 기다림. 오른 주먹이 얼굴 중심을 지나 머리 위로 올라가지 않음.
소도 2본	뒤로 물러나는 발동작이 작음. 허리칼 자세에서 멈춤.	확실한 두 번의 입신이 없음.
소도 3본	2보째 들고 3보째 머리 침. 허리를 너무 낮게 침.	스쳐올려 막고 스쳐 떨어뜨림이 형식 적임. 스쳐 흘림과 스쳐 넣음이 두 박자가 됨. 오른손으로 칼을 누르고 왼손은 옆으로 팔을 밀면서 동시에 기합을 넣지 않음.

3. 검도본 심사상 착안점*

1) 마주서기, 거리, 인사법, 칼 또는 목검 조작법

2) 대도의 5가지 자세, 소도의 반신세, 입신

3) 시선의 방향, 호흡, 강한 정신력과 조화로운 기 겨눔

4) 선후도의 역할 이해, 선도의 리더십과 후도의 팔로우어십

5) 대도의 경우 격자의 기회, 소도의 경우 후도가 입신하려고 할 때 공격하는가?

6) 각 검도본의 검리를 이해하는가?
   각 기술의 숙련정도, 격자의 강약완급 조절능력

7) 선도는 일족일도의 거리에서 격자하는가? 후도는 정확한 격자부로 치는가?

8) 크게 들어 칠 때 칼끝의 높이가 주먹보다 뒤로 더 내려가는가?

9) 발동작이 제대로 되는가? 스쳐 걷기? 뒷발 따라붙기?

10) 후도의 유무형의 존심에 강한 정신력이 있는가?
    선도는 후도가 충분한 존심을 취한 후 움직이는가?

---

* Satou Nariyaki의 저서 79쪽 "Point of view in Examination of Kendo Kata"를 번역함.

4. 검도본 지도 요령

가. 검도본 지도 요령

1) 입회의 위치에 마주 선 거리가 적절한가? 그 때의 인사법과 선 자세가 바른가?

2) 칼의 휴대와 조작법이 바른가? 이동방법이 타당한가?

3) 바른 대소도의 자세를 취하며, 격자방법이 타당한가?

4) 선후도의 역할을 이해하는가?

5) 후도는 반격 후 유무형의 존심에 충실한가? 선도는 후도를 배려하는가?

6) 바른 방법으로 시선을 유지하며 상대와 눈 맞춤을 하는가?

7) 선도는 격자의 기회를 보는가? 후도는 입신을 하는가?

8) 크고 부드럽게 운검하며 작고 빠른 동작을 이해하는가?

9) 격자 전후 선후도의 거리는 적절한가?

나. 각 본별 지도 및 심사 유의사항

1) 대도본은 선도가 기회를 보아 공격하나 소도본은 후도가 입신하려 하므로 공격한다.

2) 선도는 선생의 입장에서 후도를 지도(배려)하며, 후도는 배우는 입장이나 기세는 상호 대등하다.

3) 스치는 기술이나 찌름의 경우 칼의 옆에 튀어나온 능각(稜角)을 사용하며, 특히 소도의 경우 손목이 부드러워야 한다.

4) 치기 위해 크게 들 때 왼손이 오른손보다 위로 올라가면 안 된다 .

다. 대도본

대도 1본   거리

선도	후도
바른 좌상단세에서 크고 강하게 하단까지 호를 그리며 반동 없이 친다. 흔히 짧고 약하게 치므로 이를 특히 유의할 것.	선도의 공격을 가능한 가까이에서 대각선 뒤로 칼을 빼면서 뒤로 물러날 것.

대도 2본   정중선

선도	후도
정중선에서 상대의 오른손보다 약간 낮게 칠 것. 옆을 치거나 칼을 돌려 치는 사람들이 많음.	선도의 공격을 끝까지 보고 크게 물러났다가 나가며 크게 들어 한 박자로 칠 것. 흔히 작게 물러났다가 크게 들어가 깊은 경우가 많음.

대도 3본   기쟁(氣爭)과 되 찌름

선도	후도
쌍방은 하단에서 기를 겨누면서 중단이 된다.	
명치를 찌르므로 높이 찌르지 말 것. 막을 때는 상대의 목을 겨누는데, 첫 번째는 칼날이 우 하향, 두 번째는 좌 하향하며 상대의 칼을 가볍게 누른다. 선도 후도 두 칼이 5:5로 대등하다.	기다렸다 마중 나가듯이 칼을 약간 앞으로 밀어 넣은 후 크게 물러나며 상대의 칼이 내 몸을 벗어날 정도로 가볍게 돌려 막은 후 크게 되 찌른다. 이때 너무 빠르거나 느리게 해서는 안 된다. 두 번째는 찌름이 아니라 위협이므로 왼발만 나가야지 칼끝을 앞으로 내밀어서는 안 된다.

대도 4본   음양세와 절결(切結)

선도	후도
쌍방은 어깨칼과 허리칼 자세로 원간에서 걸음은 작지만 강한 정신력으로 3보 나가 팔을 쭉 뻗어 서로의 머리 앞에서 순간 멈춤(절결)이 발생한다. 이때 선후도의 기위(氣位)는 반반이다.	
상대 칼을 누르며 미끄러져 내려가면서 우측 폐를 찌른다.	찌름을 감아 돌려 한 박자로 크게 머리를 친다. 이때 반사적으로 치지 말 것. 흔히 허리칼 자세의 칼끝이 높으며 전면에서 보인다. 칼끝은 하단보다 낮게 앞에서 보이지 않게 할 것.

대도 5본 　스쳐 머리치기

선도	후도
상대의 칼이 아니라 머리를 겨냥해 크게 들어가 턱까지 베므로 허리가 굽으면 안된다. 스쳐진 칼은 멈추지 않고 바로 떨어지며 칼날은 반좌향 한다. 흔히 다칠까봐 짧게 치는 경향이 있다	머리 위에서 칼을 가볍고 빠르게 당기면서 스쳐 올린 후 한 박자로 상대의 정면을 타격한다. 이때 너무 힘껏 스쳐 올려 칼을 뒤로 크게 넘기면 안 된다.

대도 6본 　손목스냅을 이용한 작은 기술

선도	후도
올라오는 후도의 칼을 똑 바로 기(氣)로 누른다. 경쾌한 작은 손목 기술. 스쳐 떨어진 칼날은 반우향 한다. 오른손을 꽉 쥐고 억세게 치면 안된다.	공격의지를 가지고 먼저 움직인다. 스쳐 올린 즉시 한 박자로 작고 빠르게 선도의 손목을 친다. 스쳐 올릴 때는 자기 칼의 능각으로 상대 칼의 능각을 호를 그리듯 스쳐 올린다. 제쳐 치기는 두 박자가 되므로 안 된다.

대도 7본 　변칙공격과 후의 선

선도	후도
경쾌하게 가슴을 찔러보지만 도달하지는 않는다. 이어 왼발을 작게 오른발을 알맞게 몸을 던져 나가며 상대의 정면을 친다. 왼발이 크게 나가 머리가 깊거나 또는 옆으로 나가는 경우가 많다.	누르면서 찌르는 선도의 칼을 떠 올리면서 뒤로 물러나나 기세는 반반이다. 첫 오른발로 방향을 잡고, 두 번째 왼발이 반우향으로 크게 나가며 밟음과 동시에 베기 시작하여 세 번째 오른발로 마무리 하는데 두 번째와 세 번째 스텝은 '도' 기합과 함께 한 박자가 되어야 한다. 스쳐 베기 즉, 세법(洗法)이므로 둘 셋이 끊어지지 않고 한 동작으로 베야 한다. 첫 스텝 또는 둘째 스텝에 타법(打法)으로 끊어 두번 치는 경우가 많으므로 주의해야 한다.

라. 소도본

소도 1본   스쳐 치기와 우편수상단의 존심

선 도	후 도
소도가 부러지지 않게 크고 완강하게(천천히 그러나 강하게) 칠 것	한 동작으로 머리 위에서 스쳐 받아 흘리며 크게 들어 친다. 이어 우편수상단으로 존심을 한다. 반사적으로 빨리 치지 말 것. 친 후 존심을 반사적으로 하면 안 된다.

소도 2본   스쳐 치기와 두 번의 입신

선 도	후 도
수세적으로 칼을 올리다가 오른발은 크게 칼은 작고 빠르게 뒤로 물러나, 가능한 한 박자로 크고 바르게 머리를 친다.	올라오는 선도의 칼을 소도로 틀어 누르면서 1차 입신하려 하고, 물러나는 상대의 목을 겨누며 한 걸음 들어가서 다시 2차 입신하려 한다. 한 동작으로 머리 위에서 스쳐 받아 흘리며 크게 들어 친다. 이어 존심을 취한다.

소도 3본   네 번의 스치는 기술

선 도	후 도
3보째 입신하려는 후도의 정면을 선제공격한 후 다시 허리를 크게 친다. 기합은 머리에 넣는다. 허리를 칠 때 몸을 과도하게 벌리지 말 것.	네차례의 스치는 기술(1. 스쳐 올리기 2. 스쳐 떨어뜨리기 3. 스쳐 흘리기 4. 스쳐 넣기)에서 부드러운 손목 사용에 유의할 것. 공격 후 따라가 존심을 취할 것. 밀고 들어가지 말 것.

부록

검도본 대회 채점표

평 가 문 항	채점 점수	팀A	팀B
예법과 품위, 보법 - 출입과 인사, 도검운용, 거리와 이동	10		
대도와 소도의 자세 - 대도 5자세, 소도의 반신세 및 입신	10		
안법과 기세- 시선접촉과 시선방향, 정신력, 호흡	10		
선후도의 역할과 협력 - 선도의 leadership과 후도의 followership	10		
선도의 공격 기회와 후도의 반격 리듬 - 대소도의 공반 기회와 타이밍	10		
선도는 일족일도의 거리에서 공격하며, 후도는 격자부로 치는가?	10		
각 검도형의 검리를 이해하며 실감나게 찌르고 또 베는가?	10		
크고 작은 격자(머리, 손목, 허리, 찌름)를 구별하는가?	10		
강약완급의 구분이 있는가?	10		
후도는 공격 후 유무형의 존심에 충실한가? 선도는 후도가 존심을 취할 시간을 충분히 주는가?	10		
합 계	100		

이상 두 팀의 성적을 100점으로 계산하여 상위 득점자가 승자가 된다.

10개 항목을 각 10점씩 계산하며 10개 항목은 예법, 자세, 기세, 선후도 관계, 공반, 거리, 검리, 대소와 완급, 존심 등이다.

제4부

검도본에 대한
질의응답

1. 검도본 이론에 관한 질의응답

질문 1　검도본 1, 2, 3, 5 본은 선선(先先)의 선(先) 그리고 4, 6, 7본은 '후도가 후(後)의 선(先)으로 승리한다.'라고 하며, 소도본에 관해서는 이에 대한 언급이 없다. 이에 대한 한일 간 견해가 다르며 또한 선(先)에 대한 정의와 분류가 같지 않은데, 이를 국제적인 비교를 통해 설명해주기 바란다.

⊖ **답 1**　바둑이나 검도에서 선(先)을 잡는다는 것이 곧 승리의 길이다. 검도에서 상대를 이기기 위해서는 선을 잡아야 하는데, 그 기회를 대체로 세 가지(먼저 공격, 동시 공격, 나중 공격)로 분류하여 이를 소개하면 다음과 같다.

	먼저 공격	동시에 공격	나중에 공격
미야모도 무사시 (현상 면)	선(懸의 선)	상타(相打)의 선 (體體의 선)	후의 선 (待의 선)
이종림 (스포츠과학적 측면)	선의 선	對의 선	후의 선
다카노 사사부로 (현상 + 정신)	선선의 선 (기미를 먼저 알아차림)	선 (對의 선 또는 先前의 선)	후의 선 (待의 선)
전일본검도연맹 검도형에 나타난 방식	선선의 선 (움직임을 예측함)	선(對의 선)	후의 선 (待의 선)

※ 자료 : 이종원, "한일 간 3선(先) 논쟁에 관한 소고", 『대한검도학회지』 제29권, 제1호, 2018. 11.

상기 표에 의하면 현상 면의 미야모도 무사시와 스포츠과학적 측면의 이종림의 분류는 사실상 같으며, 다카노 사사부로와 전일본검도연맹의 분류 또한 별 차이가 없다. 한국에서는 두 번째 분류를 그리고 일본에서는 네 번째 분류를 따르고 있으며, 용어에 있어서도 우리나라에서는 먼저 공격하는 경우를 선의 선(先의 先)이라고 쓰나 일본에서는 선선의 선이라고 부르며 나머지는 별로 다르지 않다. 선의 선과 선선의 선의 경우 먼저 공격해 이긴다는 점에선 같지만, 전자는 상대가 들어오려는 순간을 포착하여 치고, 후자는 상대방의 움직임을 예측(prediction)하여 친다는 점에서만 차이가 있다. 둘 다 상대의 마음을 읽어야 하겠지만, 후자의 경우 지나치게 관념적이어서 이해하기가 쉽지 않고 이를 실천하기란 더더욱 어렵기 때문에 본고에서는 선의 선, 대의 선, 후의 선이라는 세 분류에 의한다. 그렇지만 1,

2, 3, 5본은 후도가 선의 선으로, 4, 6, 7본은 후도가 후의 선으로 이긴다는 국제분류에 문제가 없지 않지만, 당분간 이를 따르기로 한다.

질문 2　대도 4본 선후도 자세의 음양(陰陽)이 한국과 일본에서 반대, 즉 한국은 어깨 칼을 양, 일본에서는 음, 그리고 허리칼은 한국에서는 음, 일본은 양 이라고 하는데, 어떤 것이 맞는가?

⊙ **답 2**　2018년 한국대학검도연맹의 대학검보에 수록된 필자의 견해를 다음과 같이 인용한다. 우리나라에서는 형태적으로 명백하게 양(陽)인 어깨 칼을 음세라고 부를 학문적이거나 상식적인 근거는 희박해 보인다. 태권도에서도 허리 위 상체는 양, 허리 아래 하체는 음이라고 부르고 있으며 이는 한국적인 정서와도 부합한다. 그런데 우리가 우리 식대로 어깨 칼을 양 그리고 허리칼을 음이라고 바꾸어 부른다면 국제적으로 통용되는 관행과 다르기 때문에 해석상 혼란을 초래할 여지가 있을 수도 있지 않을까 우려된다. 그렇지만 우리가 검도본의 형태를 바꾸는 것이 아니라 동일한 모양(형태)을 놓고 음양오행설에 따른 동양철학적 해석을 달리 하는 것이므로 큰 문제가 될 것은 없다고 생각한다. 일본에서도 각 유파에 따라 서로 다른 전통과 관습을 가지고 있기 때문에 '일본협회의 결정이 바로 정답이다'라고 볼 수는 없다. 왜냐하면 일도류와 경시청류에서는 그들의 전통대로 어깨 칼을양, 허리칼을 음이라고 해석하고 있기 때문이다.

질문 3　검도본에서 강약완급(强弱緩急)과 대소(大小)을 어떻게 구분하는가?

⊙ **답 3**　필자는 운이 좋아 아직 마흔이 되기 전부터 서울 등 대회의 식전행사에서 검도본 시범을 여러 차례 보인 적이 있었다. 김영달 선생님으로부터 칼을 받아 시연하고 칼을 돌려 드리곤 했었는데, 선생님께서 늘 하시는 말씀이 본을 할 때는 '강약완급을 구분해야 돼!' 하셨지만 어떻게 하는지 또 무엇을 잘못했는지는 말씀해 주시지 않았다. 그때는 잘 몰랐지만 지금 생각해보면 선생님께서 필자에게 본 수련의 화두를 던지신 것 같다. 30년이 지난 지금도 정확하게는 모르지만 나름대로의 생각을

정리해 보면 다음과 같다.

　이종림 선생님께서 늘 강조하시듯 검도는 크고 부드럽게(柔) 하는 것이 맞다. 조선세법과 검도본도 기본적으로 크고 부드럽게 하며 예외적으로는 작게 또 억세게(剛) 하는 경우도 있을 것이다. 조선세법과는 달리 검도본은 급강(急强)인 경우와 작은 동작 공격이 몇 차례 있지만, 대부분은 크고 부드러운 완강(緩强)의 경우이다. 특히 검도본은 상대가 있으므로 때로는 실전과 같이 너무 강하게 또 때로는 다칠까봐 두려워 너무 살살 하는 경우가 있으므로, 이 둘 다 경계해야 한다.
　이를 각 본별로 자세히 설명하면 다음과 같다.

대도 1본　선도는 칼자루를 포함하여 머리를 배꼽까지 베야 하므로 아주 강하고 빨라야 되며 후도는 선의 마음으로 견절(見切)하며 상대 칼이 가까워지는 순간 빼서 한 박자로 쳐야 하므로 후도 역시 급강(急强)으로 해야 한다. 기본적으로 선후도 모두 큰 기술을 사용한다.

대도 2본　대도 2본의 경우 역시 후도가 선의 마음으로 견절하며 대응태세를 갖추고 있으므로, 선도는 급강으로 정중선을 내려친다. 이에 후도는 뒤로 크게 물러나므로 빠르게 치지 않고 크고 바르게(大正) 친다.

대도 3본　대도 3본에서는 선도가 크고 강하게 찔러 들어오므로 후도는 이를 부드럽게 막아 약화시킨 후, 역시 크고 강하게(大强) 찔러 들어간다.

대도 4본　선도, 후도 모두 팔을 쭉 뻗어 크게(大技) 머리를 친 후, 이어 선도는 크고 강하게(大强) 찌르고 후도는 이를 받아 머리를 친다. 빨리 치는 기술이 아니라 크고 바르게(大正) 격자하는 것이 중요하다.

대도 5본　선도에게는 크고 길게 호를 그리며 치는 것이 중요하나, 후도는 내려오는 순간을 포착하여 칼을 스쳐 떨어뜨리고 즉시 빠르고 강하게(急强) 쳐야 한다.

대도 6본　　선도, 후도 모두 작고 빠른 기술이다. 동작이 작다고 약하면 안 된다.

대도 7본　　선도는 몸을 던져 치지만 급하게 치는 기술이 아니라 크고 바르고 강하게(大正强) 친다. 후도는 작지만 빠르게 스쳐 치는 기술(洗法)로 들어오는 상대의 힘을 역이용하여 스쳐 나가는 칼의 힘을 극대화시킨다.

소도 1본　　소도 1본과 2본에서 선도는 크고 바르고 느리게(大正緩) 치는 것이 좋다.
소도 2본　　큰 칼이 작은 칼을 급강으로 내려치면 칼이 부러져 위험하기 때문이다. 후도는 맞치는 기분으로 크게 스쳐 올린 후 크고 강하게(大强) 친다.

소도 3본　　선도는 3보 째 뛰어 들어오려는 상대를 제압하기 위하여 3보 째 한 박자로 들어 올려 빠르고 크게 한 박자로 머리를 친 후 다시 크고 바른(大正) 기술로 빠르게 허리를 친다. 후도는 치거나 찌르지 않고 상대를 제압한다

　　강약완급과는 좀 다르지만 검도본의 원전을 보면 '가볍게'라는 표현이 3번 나오는데 그 첫 번째 대도 3본에서 '후도가 선도의 찌름을 가볍게 받아 흘린다'라고 되어 있지만, 앞에서 필자는 '부드럽게'라고 표현했다. 대도 7본에서 선도가 '일보 가볍게 나가면서 후도의 가슴을 찌른다'라고 했으며, 세 번째로는 소도 3본에서 후도가 허리를 친 후 '오른 무릎을 가볍게 꿇는다'라고 되어있다. 여기에서 가볍게(輕)는 강약완급 중에서는 약(弱)과 비슷하며 부드러움과 유사한 개념으로 생각된다.

2. 검도본 실기에 관한 질의응답

가. 대도 1본

질문 1　　선도는 후도의 어디를 어떻게 치는가? 그 친 칼끝은 어디까지 내려가는가?

➔ **답 1**　　대도 1본에서 선도의 머리타격은 후도의 손잡이(병혁)를 포함해서 정면을 크고 강하게 베는 실전 기술이다. 검도본 권위자인 이노우에 선생은 크게 들어 강하게 침을 특히 강조하고 있다. 조선세법의 거정에서 머리를 칠 때 정중앙으로 평대(平擡)하여 크게 들어 치는 동작이 있는데, 검도본에서는 평대와 같은 용어는 없지만, 두 검법이 실전에서 유래되었기 때문에 크고 강한 타격은 공통적이다. 그러나 각도에는 평대의 경우 거의 수평(15도), 검도본은 대각선(45도)으로 차이가 있다.

　종전에는 크고 강하게 베기 때문에 그 칼끝이 하단보다 3~6cm 더 낮게 와야 한다고 규정하고 있었으나, 이에 따른 폐단 즉, 그 높이에 맞추어야 하기때문에 운검이 자유롭지 못하여 2001년도 이후 그 높이를 정확하게 규정하기보다 하단 높이 정도로 개정하였다. 따라서 배꼽까지 크고 힘 있게 내려 베고 그 여세로 내려오는 칼끝은 하단보다 더 내려올 수도 있고 조금 덜 내려올 수도 있다.

질문 2　　후도는 선도의 정면을 치는가? 정수리를 치는가?

➔ **답 2**　　전통적으로 우리가 기본을 할 때 왼 주먹은 가슴 앞 오른 주먹은 어깨 높이로 정면을 치게 된다. 죽도의 원리도 칼에서 왔기 때문에 기본도 이렇게 하지만 호면을 쓰고 머리를 이렇게 치면 죽도가 면금부에 걸리게 된다. 그렇게 되면 나무로 쇠를 치는 어리석음을 범하게 되므로 왼손을 좀 올려 면포부를 치는 것이 맞다. 그러나 칼은 두부(정수리)를 치는 것이 아니라 정면(얼굴)을 당겨서 베는 것이다. 검도본에서는 정면을, 그리고 스포츠 검도에서는 정수리를 치는 것이 마땅하다고 생각한다. 즉, 왼손을 기본 할 때와 같이 좀 낮게 그리고 양손을 쭉 뻗어 크고 활기차게 호를 그리면서 치면 된다.

그러나 이에 대해서는 아직도 많은 논란이 있으므로 무엇이 맞고 무엇이 틀리다고는 단정하기 어렵다. <이에 대한 논쟁은 『2010년 8월호 劍道日本』에 게재된 岡田守正의 기고를 참고할 것.>

후도는 언제 선도의 공격을 빼는 것이 적당한가?

⊙ 답 3 이종림 선생의 가르침에 의하면 고단자는 끝까지 기다렸다 손을 먼저 빼면서 칼을 움직이며 발을 동시에 뒤로 빼 한 박자로 자연스럽게 공방을 마무리하게 해야 된다고 한다. 김덕선 선생은 3, 5, 15, 30cm를 기준으로 볼 때 가장 가까운 거리인 3cm에서 움직이는 사람이 가장 고수라고 하지만, 현대스포츠 검도를 하는 우리들에게는 이해하기 어려운 것이고 30cm를 목표로 연습하여 이를 좁혀 나가는 것이 바람직하지 않을 까 생각한다. 그리고 여기에서 나오는 한자식 용어가 견절(見切 : mi-kiri)인데 끝까지 보고 거리를 예측하는 행위를 말한다.

나. 대도 2본

질문 1 후도는 언제 선도의 공격을 피하는가?

⊙ 답 1 바로 위 '대도 1본 질문3'에서 설명한 바와 같이 선도의 공격을 끝까지 보면서 거리를 예측하여 가능한 가까운 거리에서 움직이는 것이 바람직하다. 초보자의 경우 좀 빨리 움직여도 무방하겠으나 고단자가 될수록 가능한 가까운 거리에서 손을 빼면서 발을 크게 뒤로 물리는 것이 좋다.

질문 2 후도가 반격할 때 더 치명적인 머리나 허리를 베지 않고 왜 손목을 베는가?

⊙ 답 2 칼을 아래로 내리면서 좌 후방으로 크게 물러나기 때문에 그 거리에서는 선도의 머리나 허리를 공격하기 힘들다. 따라서 도달 가능한 손목을 공격하게 되는 것이다.

질문 3 형태가 없는 무형의 존심을 어떻게 취하나?

⊙ 답 3 평소 검도수련을 통하여 쌓은 내면의 강인함을 밖으로 표출하는 기위(氣位)로 상대를 제압한다. 존심에는 유형과 무형이 있는데, 대도 2, 4본은 무형이고 나머지 본은 유형의 존심을 취한다. 무형의 존심의 경우 겉으로 들어나지 않지만, 존심이 없는 것이 아니라 후도는 선도를 기(氣)로 제압하면서 중앙의 위치로 돌아간다.

다. 대도 3본

질문 1 　선도가 찌를 때 후도가 그 자리에 있으면 칼이 가슴에 닿는가?

⊙ **답 1** 　6-7단 젊은 시절 검도본 시범을 보이면서 고민했던 문제 중 하나가 이것인데, 3년을 생각해도 그 답을 알 수 없어 이종림 선생께 물었다. 닿습니까? 안닿습니까? 순식간에 돌아온 답변은 달랑 말랑 하다는 것이었다. 명답이었다. 그래서 그 이후 쭉 그렇게 해 왔다. 그런데 최근 동경검도회 강습회에서는 3보 들어간 중앙의 거리 즉 일족일도의 거리를 좀 가깝게 잡아 종전보다 더 깊게 찔러 들어가도록 교육한다는 것이다. 이 부분은 논쟁의 여지가 있고, 규정에도 정해진 바 없다. 즉, 칼끝 3㎝ 교차가 아니라 10㎝ 교차 하도록 말이다. 3본만 예외적으로 가깝게 들어갈 일이 아니라, 일족일도의 거리에서 크게 일보 들어가며 왼손을 쭉 뻗고 오른손을 차수건 짜듯이 잡으면 칼끝에 힘이 들어가며 후도의 가슴까지 도달 가능할 것으로 사료된다.

　일본에서는 3본만 좀 크게 3보 나가도록 교육하고 있지만, 아직 우리나라에서는 종전과 같이 하고 있다.

질문 2 　선도가 후도의 되찌름을 방어할 때 자연체가 되는가, 반신세가 되는가?

⊙ **답 2** 　자연체이다. 초창기 검도본이 제정되었을 때는 실전과 같은 반신세였지만, 후에 개정되어 선도는 좌우자연체로 후도의 가슴공격을 방어하며, 칼끝은 후도의 목을 겨누며 기세는 5:5로 상호 대등하다. 그러나 후도의 계속되는 공세에 견디지 못해 선도가 물러나게 되는 것이다. 이때 6:4로 후도의 기세가 우월하기 때문에 선도가 물러난다고 주장하는 사람도 있다.

질문 3 　선도는 언제 어떻게 찌르는가?

⊙ **답 3** 　선도는 상호 중단이 되고 기회를 보아(1-2초 정도) 찌르는 것이 옳다. 왜냐하면 선생으로서 아직 배우는 중인 후도의 입장을 고려해야 되기 때문이다. 찌를 때는 양손을 쭉 뻗으면서 양손을 차수건 짜듯이 안으로 조이면서 명치를 찌르되, 왼 주먹이 오른 주먹 위로 올라와서는 안 된다. 칼날은 약간 우측으로 틀어지며 허리를 충분히 넣고 뒷발이 즉시 따라와야 한다.

질문 4	3본 찌름은 칼날을 어느 정도 틀어야 하는가? 후도는 어떻게 이에 대처하는가?

⊙ 답 4   선도는 상대 칼을 능각으로 누르듯이 약간 칼날이 우향하여 찌르며 그 각도는 정해지지 않았으나 약 30도면 적당하지 않을까 생각한다. 한편 후도는 선도의 찌름을 마중 나가듯이 칼끝을 약간 앞으로 낸 후 선도의 칼을 당기며 받아 스쳐 흘린다. 이때 후도는 선도의 강함을 부드럽게 이기는 것이다. 후도의 칼날이 반우향 하므로 되찌를 때는 이를 바로(하향) 하면서 허리에 힘을 넣고 양손을 쭉 뻗어 칼끝이 상대의 가슴에 닿을 정도로 찌른다.

라. 대도 4본

질문 1	선후도가 3보 나갈 때 작은 걸음으로 나가는가, 보통 걸음으로 나가는가?

⊙ 답 1   김덕선 선생의 연구에 의하면 2001년까지는 작은 3보로 나갔으나 2002년부터 보통 3보로 개정 되었다가 2006년부터 재차 소족 3보로 재개정되어 오늘에 이르고 있으며, 다시 보통 걸음으로의 개정 논의가 활발하게 진행되고 있다고 한다. 따라서 2019년 현재는 작은 걸음 3보가 맞다.

질문 2	어깨칼과 허리칼의 오른발 자세는 같은가, 다른가?

⊙ 답 2   어깨칼은 상단의 변형이므로 좌상단과 같은 좌자연체이고, 허리칼은 오른어깨를 뒤로 당겨 칼을 감추므로 좌반신세가 된다. 사이무라 고로는 "허리칼이 어깨칼보다 오른발을 좀 더 뒤로 하지만, 움직일 때 두 자세 모두 뒤꿈치는 일직선상에 있어야 하고, 왼발은 전면을 향하나 오른발은 정면을 약간 벗어나며, 두 자세의 오른발 각도는 같지 않다." 라고 하였다. 필자의 견해로는 오른발가락 각도가 어깨칼이 약 15도, 허리칼은 약 30도가 적당할 것 같지만 따로 정해진 바는 없다. 이때 중요한 것은 뒷발 엄지발가락 주위의 무지구에 힘을 주어 항상 몸이 앞으로 나갈 수 있도록 준비하는 것이며, 몸의 중심이 뒤로 빠져서는 안 된다.

질문 3	왼발을 옆으로 뺀 후도가 그 각도에서 선도의 정면을 칠 수 있는가?

⊙ 답 3   대도 4본은 소도 1, 2본과 마찬가지로 후도가 약간 옆으로 나간 상태이 므로 정확히 말하자면 정면이 아닌데도 정면을 친다고 기술하고 있다. 그렇지만 선후도의 시선이 떨어지지 않고 서로 바라보고 있으므로 엄밀히 말하자면 정면 은 아니지만 이에 준하다고 인정할 수 있지 않을까 생각한다.

마. 대도 5본

질문 1	선도의 머리치기가 대도 1본과 같은가?

⊙ 답 1   아니다. 대도 1본은 급강으로 하단까지 내려치므로 몸이 약간 앞으로 숙여지지만, 대도 5본은 상단에서 크게 정면(턱까지)을 치므로 실패를 해도 허리가 굽지 않는다. 이때 허리를 충분히 넣지 않으면 몸이 숙여질 수가 있으니 주의해야 한다. 1본은 몸을 뒤로 빼서 방어하나, 5본은 스쳐 올려 상대의 칼을 제압해야 한 다. 빼거나 스쳐 올리거나 간에 한 박자로 상대의 정면을 반격한다는 것은 대도 1 본과 대도 5본의 공통점이다.

질문 2	후도는 선도의 공격을 언제 어떻게 스쳐 올리는가?

⊙ 답 2   선도의 칼이 가까이 왔을 때, 즉 선도의 양팔이 쭉 뻗어지는 순간 후도는 왼발을 뒤로 물리며 칼의 좌측 능각으로 선도의 칼(좌측능각)을 양 손목으로 스쳐 튕 기면서 위로 가볍게 당겨 올리며 상대가 보일 정도가 되면 즉시 선도의 정면을 한 박자로 쳐야한다. 이때 후도의 칼끝이 수평(양 주먹 높이)보다 더 내려가서는 안 된다.

질문 3	스쳐진 선도의 칼은 어떻게 되는가?

⊙ 답 3   후도가 좌측 능각으로 선도의 좌측능각을 호를 그리며 빠르게 스치므 로 선도의 칼은 칼날이 약간 좌향하며 후도의 오른 무릎을 약간 벗어나게 떨어진 다. 이때 스쳐진 선도의 칼이 자연스럽게 떨어져야지 멈췄다가 인위적으로 힘을 가해서 떨어지면 안 된다. 후도의 공반이 한 박자로 이루어지듯이 선도의 칼도 한

동작으로 되어야 한다.

바. 대도 6본

질문 1   대도 6본의 자세변화(후도: 하단에서 중단으로, 선도: 중단에서 상단으로, 상단에서 다시 중단으로)를 음양오행으로 설명하기도 하던데….

⊙ **답 1**   검도의 본이 음양오행 이론에 의거해서 만들어졌다고는 볼 수 없지만, 사후적으로 실기에 이론을 접목한 조치로 이해된다. 기왕에 행해지고 있는 검도형에 동양철학적 이론을 적용시킨 것으로 보인다.

6본에서는 후도가 하단(土), 선도가 중단(水)으로 시작하는데, 수(水)는 토(土)에 지므로 중단에서 상단(火)으로 바꾸자 후도 또한 중단으로 변경했다. 선도의 상단이 다시 후도의 중단에 지는 형상이므로 선도는 다시 물의 자세인 중단으로 결국 되돌아왔다. 이 이론에 의하면 4본에서는 선도의 어깨칼(木)은 후도의 허리칼(金)에 진다는 것이고, 5본에서는 선도의 상단(火)이 후도의 중단(水)에 질 수 밖에 없다는 동양철학적이지만 실증과학적이지 않는 이론이다. 이 이론은 10개 본 중에서 3개만 설명하고 나머지 7개에 관해서는 설명할 수 없다는 게 그 한계이다.

131

질문 2   대도 6본과 소도 2본에서 후도와 선도가 각각 하단에서 중단으로 칼을 들어 올리는데, 그 목적은 같은가?

⊙ **답 2**   그렇지 않다. 대도 6본에서 후도는 공세적으로 선도의 양 손목의 중앙을 겨누면서 올리고, 소도 2본의 선도는 소도의 공세에 눌려 수세적으로 올린다. 즉, 6본은 공격을 위해, 소도 2본은 방어 차원에서 올린다.

질문 3   6본에서의 상단겨눔 중단세와 5본에서의 상단겨눔 중단세는 같은가?

⊙ **답 3**   기본적으로 같다. 대도 5본 후도는 중단으로 선도 상단의 왼 손목을 겨누는데, 그 방법은 오른손을 그냥 둔 채 왼손을 앞으로 약간 내면서 겨냥한다. 그러나 실제 검도본 시범을 보면 5본은 약간, 6본은 아주 많이 칼끝의 방향이 틀어지고 있다. 그 이유는 아마도 6본의 경우 거리가 가까워서 그런 것이 아닌가 짐작하지만, 칼

끝이 지나치게 높거나 오른쪽으로 돌아가는 것은 검리에 맞지 않다고 생각한다.

사. 대도 7본

질문 1   후의 선 기술로 후도가 이긴다고 하는데, 왜 대부분의 시범자들은 선도가 머리를 치려고 들고 들어오는 순간 선의 기술로 허리를 먼저 베고 나가는가?

⊙ **답 1**   7본은 논쟁이 가장 많은 본으로 오래 전부터 후의 기술이 아니라 선의 기술로 바꾸어야 한다는 강력한 주장이 제기되고 있는 것으로 안다. 그러나 후도가 선도를 선의 기술로 먼저 베면 어떻게 죽은 선도가 후도의 머리를 치고 나갈 수 있겠는가? 이러한 이론적 모순점에도 불구하고 각 유파의 전통이 남아있어 이러한 관행이 잔재하지만, 후도가 후의 선으로 승리하기 위해서는 선도의 공격을 받고 옆으로 피해 스쳐나가면서 선도의 허리를 베는 것이 올바른 기술로 생각한다. 기합은 선도의 '야'와 후도의 '도-'가 거의 동시에 나오는 것이 바람직하다. 후도는 두 번째 왼발부터 베기 시작하여 세 번째 오른발까지 한 박자로 스쳐 베기를 마무리하며 기합을 길게 넣는 것이 좋다. 이때 선도의 움직임에 맞춰 재빠르게 움직여야 하므로, 후도는 칼을 크게 들어 칠 시간적 공간적 여유가 없다. 따라서 후도는 오른발을 벌릴 때는 상체를 거의 그대로 있다가 왼발 나가면서 칼을 앞으로 듦과 동시에 왼 어깨 쪽으로 돌려서 쳐야 한다. 이때 허리치기가 늦으면 선도의 허리부터 베는 것이 아니라 복부만 베거나 칼이 선도의 몸에서 빠져나와 허공을 치게 되므로 유의해야 한다.

질문 2   7본 선도의 찌름과 3본의 찌름은 같은가?

⊙ **답 2**   3본의 찌름은 정상적인 찌름(명치)이지만, 7본의 찌름(가슴)은 공세의 일종으로 상대를 공격하는 기분으로 한번 찔러보고 그 반응을 보려고 하는 것이다. 따라서 선도는 후도의 가슴을 기합 없이 작고 빠른 스텝으로 경쾌하게 찔러 들어가며 가슴까지 닿지는 않는다. 발은 가볍게 들어가지만 칼은 강력한 찌름으로 기세에 충실해야 한다.

질문 3   선도는 왜 기회를 보지 않고 변칙(왼발부터)공격을 하는가?

⊙ **답 3**   선도가 후도의 칼과 자세를 누르기 위해 가슴을 찔렀으나 후도의 강력한 되 찌름 기세에 눌려 실패하고 중단이 된다. 후도의 기세에 눌린 선도는 이제 먼저 공격하지 않으면 안되는 상황에 직면하여 정상적인 공격으로는 그 한계를 느껴 왼발부터 나오는 변칙공격을 택하게 된다. 후도가 강력하게 저항하면서 더 이상 지도적 사고가 필요 없게 되어 기회를 보지 않고 공격한다는 설과 서로 중단 겨눔이 되는 순간이 사실상 기회를 보는 순간이라는 두 가지 설이있다. 대도본 중 대도 7본만이 기회를 보지 않고 머리를 치는 유일한 본이다.

이때 선도는 왼발은 작게 오른발을 크게 나가야 하며 칼의 동작은 크고 바르고 느리게(大, 正, 緩) 하는 것이 좋다.

아. 소도 1, 2, 3본

질문 1   대도본에서는 선도가 기회를 보아 공격하는데, 소도본에서는 후도가 입신(入身)하려고 하므로 선도가 공격한다. 그 이유는?

⊙ **답 1**   소도는 대도보다 짧으므로 가까운 거리에서는 유리하나 먼 거리에서는 불리하다. 따라서 후도는 왼 어깨를 뒤로 빼 공격받을 면적을 줄이는 동시에 오른손을 뻗어 내 칼을 길게 만들지만, 무기의 불리함을 극복하기 위해서 가능한 가까이 접근하고자 한다. 따라서 후도는 기회가 있을 때마다 적극적으로 상대에게 뛰어들려고 하므로, 선도는 이에 대응하기 위해 먼저 공격하게 되는 것이다.

질문 2   선도의 머리 공격은 소도와 대도가 같은가?

⊙ **답 2**   소도의 경우 대도 1, 7본의 강력한 머리치기와는 다르지만 5본과는 유사하다. 즉, 5본과 같이 정면(턱)까지 치고 가볍게 스쳐진 칼을 하단까지 한 동작으로 내리는데, 소도의 경우 대도 5본과 달리 칼날은 직하한다. 소도에서 머리를 칠 때 크게 치나 느리고 강하게(大, 緩, 强) 치는 것이 좋다. 강하고 빠르게(급강) 치면 소도가 부러지질 수 있어 위험하다.

질문 3　소도 반신세에서도 대도와 같이 칼의 연장선이 눈이나 목을 겨냥해야 되는가? 오른발은 상대를 향하고 왼발은 어떻게 되는가?

⊙ **답 3**　소도는 연장선 기준이 아니라 절대 높이 기준이다. 소도의 대상단중단세는 소도의 칼끝이 상대의 얼굴 중심 높이로 좀 높게 잡으며, 대하단중단세는 그 높이가 가슴으로 좀 낮게 취하며 칼날은 하향한다. 한편 왼발은 반신세이므로 밖으로 약간 벗어나게 된다. 혼자할 때는 자기 기준, 같이 할 때는 상대 높이에 맞춘다.

질문 4　소도 2, 3본에서 후도가 존심을 취할 때 선도의 팔을 잡는데, 그 방법이 같은가?

⊙ **답 4**　관절의 약간 위쪽을 잡아 자유를 억제함은 같지만, 선도의 팔모양이 다르기 때문에 2본은 위에서 밑으로 누르고, 3본의 경우 선도의 팔이 틀어져 있으므로 옆에서 횡으로 누르는 동시에 오른손으로도 눌러 선도가 칼을 사용하지 못하게 만든다. 그러나 만일 이때 선도가 칼을 사용하고자 한다면 후도는 즉시 소도로 상대의 목을 공격해야 할 것이다.

질문 5　3본에서 선도는 왜 세 번째 오른발이 나갈 때 치는가?

⊙ **답 5**　일반적으로 선도가 3보 나가서 공격하는 것이 원칙이다. 그러나 이미 칼을 든 상태의 상단이면 소도 1본과 같이 3보 나가서 공격하겠지만, 중단인 경우 3보 나가서 칼을 들어 치려면 오히려 후도의 입신에 당할 우려가 있기 때문에, 부득이 3보째 공격하게 된다. 또 다른 설명은 후도가 3보 나가는 도중 2보째 왼쪽 발을 준비하면서 입신하려고 하기 때문에 부득이 선도가 원간이지만 3보째 선제 공격한다는 것이다.

　필자도 오랜 기간 이 경우를 잘 이해하지 못해 어려움을 겪었지만, 우연한 기회에 100여년 전 초창기 무사들의 소도 3본 후도 하단반신세를 보니 그들은 흡사 본국검 백원출동세의 원숭이 같이 웅크린 자세를 취하고 있어 곧 뛰어 들것 같은 느낌을 받았다. 따라서 오늘날 우아한 하단반신세를 취하는 우리들로서는 이해하기 어려웠던 것이다.

3. 검도본 개정과 변천 과정

질문	오늘날 우리가 하고 있는 검도본은 어떻게 변천했는가? 최근 개정은 언제이며 어떻게 바뀌었는가?

⊙ **답**　검도본은 1912년 대일본제국검도형으로 일본무덕회에서 제정(元原本)되어 1917년(補完原本), 1933년(再補完原本)에 개정되어 실질적으로 오늘날까지 적용되고 있다.

전후(戰後) 일본검도형으로 그 명칭이 변경되었으며, 1981년에 전일본검도연맹에 의해 알기 쉬운 현대식 문장으로 검도본 해설서(Instruction Manual)가 다시 작성되었다. 1989년 강습회자료(Seminar Guideline)라는 이름의 보완해설서(대도 30개, 소도 10개의 동작요령과 검리를 보완함)가 발행되었으며, 이는 2001년 변경되었으며 2002년에는 영어 번역본이 발행되었다.

2001년 변경된 내용을 중심으로 살펴보면 다음과 같다.*

대도 1본　⊙ 선도가 치고 난 후 칼높이가 하단보다 약간 낮다(3-6cm). - 생략
　　　　　그 이유는 첫 째, 높이를 상세히 정해 놓으면 이를 맞추느라고 운검(運劍)이 자유롭지 못하다. 둘 째, 뒤로 물러 날 때 '선도는 하단인 채 물러난다'라는 내용과 일치하지 않는다.

　　　　⊙ 후도가 반격을 위해 뒤로 물러날 때 '칼을 뒤로 떨어뜨리지 말고'라는 표현은 '검선(劍先)이 가르키는 방향으로 뒤로 당긴다'로 변경됨.

대도 2본　⊙ 후도 '반원을 그리면서 물러난다'는 '자연스런 곡선(natural curve)을 그리면서 빼어 친다'로 변경됨. 후도의 '충분한 기위의 존심이 중요하다(important)' … '반드시 있어야 한다(should be demonstrated)'로 강화됨. 이때 기위(氣位)란 자신감에서 나오는 공격정신을 말한다.

---

*　Inoue, Yoshihiko, Kendo Kata : Essence and Application(translated by Alex Bennet), Kendo World Publication, 2003.

대도 3본

◎ 하단세 '왼무릎을 겨눈다' - 생략 원전에 근거가 없기 때문이다.

◎ 후도 존심 상세표기 후도는 우족으로부터 작게 3보 빨리 선도의 영역으로 칼을 순차적으로 올려 상대의 얼굴 중심을 겨눈다. 이때 중요한 것은 따라 들어가면서 칼끝을 올린다는 것이다. 즉, 올려서 들어가거나 또는 가서 올린다는 것이 아니다.

대도 4본

◎ 종래 '작은 발로 들어간다.'라고 되어 있었으나 이때 개정하여 작은 발은 생략되고 '3보 나간다'로 변경되었다. 그 이유는 선후도가 모두 얼굴은 정면을 향하고 있지만 몸과 발을 우측으로 비튼 채 나가므로 자연히 작은 3보가 되며, 원전에는 '작은'이라는 표현이 없기 때문이었다. 그러나 2006년부터 강습회자료에 다시 '작은 3보'로 변경되어 2019년 현재는 '작은 발'이 유효하다. 이때 만약 거리가 가까우면 거리를 조정하는 것은 선도의 책임이다.

◎ 공격 후 두 칼은 '대강 머리 높이에서 연결된다' - 생략, 그 대신에 '두 팔을 충분히 뻗는다(Both arms should be fully extended)'.

◎ 상세 설명 선도는 격자부의 왼쪽 호로 후도의 칼을 누르면서 비틀며 상대의 우폐를 찌르며, 후도는 이 순간 감아 돌리기로 상대의 칼을 빗나가게 한 후 큰 동작으로 머리를 친다.

◎ 보충 설명 어깨 칼은 좌자연체, 허리 칼은 좌반신인데, 어깨칼을 할 때 오른 어깨를 뒤로 많이 당기면 좌자연체가 아니고 좌반신세가 된다. 공식적으로 정해진 바는 없지만, 사이무라 고로(Saimura Goro)에 의하면 '두 자세는 두 발의 뒤꿈치가 일직선상에 있는 점은 같지만, 상이한 본질 때문에 오른쪽 발가락의 각도는 좀 다르다' 라고 한다.

대도 5본

◎ 후도의 '칼날이 직하한다'(The blade is facing directly down)' - 생략 대신 '왼손을 앞으로 내밀어 칼끝은 선도의 왼손을 겨냥한다' 추가함.

이 표현 역시 여러 차례 변경되어 오늘에 이르렀으나 원래 제정 당시에는 중단이 아니라 청안(晴眼)*이었는데, 이때 사람들은 칼날을 옆으로 비트는 것으로 잘못 알았다. 이를 시정하기 위해 '칼날을 직하한다.'로 변경하였다. 이 또한 비현실적(impractical)이라는 비난을 받자, 강습회자료(2001년)에서 '후도의 왼손을 약간 앞으로 내밀어 칼끝은 선도의 왼주먹(손목)을 겨눈다. '로 변경하게 되었다.

대도 6본　　2001년 변경 없음.

대도 7본

⊙ 후도가 허리를 타격한 후 '칼과 팔이 평행(parallel)된다'는 해설서의 표현은 부정확하므로 2001년 강습회 자료에서는 '칼은 팔의 연장(an extension of the arm)'이라는 표현을 추가함.

⊙ 해설서에 표현된 7본의 협세는 4본의 협세와 같을 수가 없으므로 혼동을 피하기 위해 그 표현을 쓰지 않고 '허리를 친 후칼을 돌려(down to the side) 허리에 대며 존심을 나타낸다'로 변경됨.

소도 1본

⊙ 후소도의 '칼날이 아래를 향한다.'는 표현이 생략되고 '칼끝이 선도의 얼굴 높이(face height), 즉 약간 높은 자세'로 변경되었음. 그 이유는 몸이 틀어지는데 칼날이 직하하는 것은 비현실적(impractical)이기 때문이다.

⊙ 방어 시 후도는 '엄지와 검지로 주로 잡고 나머지 손가락은 부드럽게 쥔다'로 변경됨. 그 이유는 후도가 선도의 칼을 흘려 막을 때 다섯 손가락을 꽉 움켜쥐면 이를 실행하기 어렵기 때문이다. 따라서 손잡이를 느슨하게 잡는 것이 중요하다.

---

*　1912년 제정 당시에 2본 상호중단, 5본 후도의 청안, 6본 선도의 청안, 7본 상호 청안이었으나 1981년 해설서에서 이들을 전부 중단으로 통일했다. 원래 중단은 유파에 따라 중단(中段), 청안(晴眼, 青眼, 清眼), 正眼, 星眼, 臍眼 등 다양하게 사용되었으며 겨누는 부위도 미간, 왼쪽 눈, 목, 얼굴중심, 배꼽부근으로 다양했었다.

소도 2본 ⊙ 1본과 같이 칼날 방향은 삭제되고 칼날이 '선도의 가슴높이(chest height) 즉, 약간 낮은 자세'로 변경됨.

⊙ 기타 선도의 경우 뒤로 물러날 때 "크지 않게(not overly large) 똑바로 아래로 내리면서 대각선 뒤로 빼 허리에 댄다"로 표현이 변경되었음.

⊙ 협세(허리칼)라는 표현은 7본과 같은 이유(혼동을 피하기 위해)로 강습회 자료(2001)에서 생략됨.

⊙ 후도의 경우, 선도의 올라오는 칼을 누르며 입신하려 할 때 칼날은 하향에서 대각선 오른쪽(diagonal right)으로 틀며, 다시 선도의 목을 겨누며 1보 들어갈 때는 칼날이 직하(straight down)한다.

소도 3본 2001년 변경 없음.

4. 끝없는 의문과 정답이 없는 질문

가. 틀린 것인가 다른 것인가?

발달한 영상매체 덕분에 유튜브를 통해 다양한 검도본 시범을 하루에도 몇 개씩 본다. 수록된 동영상이 수백 개도 넘는다. 보고 또 본다. 그런데 참으로 이상하다. 시범 조마다 다 다르다. 그리고 책과도 조금씩 다르다. 20세기 초의 시범은 당연히 오늘날과 많이 달랐겠지만, 최근 것들도 그렇다. 물론 잘못해서, 즉 실수로 그럴 수도 있겠지만, 사람마다 다르게 알고 있고 또 본의 표현이 다르기 때문일까? 다른 것일까? 틀린 것일까? 필자의 견해로는 다른 것은 좋은 것이다. 왜냐하면 고단자로서 검도본의 순서를 다 익혔다면, 그 다음은 '자기 검도의 표현'이기 때문이다. 같은 모차르트를 연주하더라도 또 백조의 호수를 발레로 공연하더라도 연주자나 발레리나에 따라 예술적 표현이 다 다르기 때문이다.

이상과 같이 다른 것은 좋은 것이며 바람직하지만, 틀린 것이 문제이다. 대도1본의 선도를 예로 들면 후도의 머리를 짧게 치는 사람들이 태반이다. 2본의 손목

친 선도의 칼높이가 다양하며, 후도는 선도의 칼이 내려오는 것을 보고 가까이 왔을 때 자연스러운 곡선을 그리며 뒤로 빠져야 되는데 대부분 V자 형을 그리며 각을 세워 딱딱하게 하며 후도의 반격이 깊다. 따라서 칼끝 격자부로 손목을 치지 않는다. 3본의 선도는 후도의 되 찌름을 받을 때 누르지 않고 밑으로부터 소리 내며 탁탁 쳐 올린다. 4본 선도의 어깨칼 자세에서 오른손이 턱보다 낮거나 높은 사람이 많다. 5본에서 후도는 머리 위에서 막지 않으며, 선도의 칼은 한 박자로 떨어지지 않는 경우가 많다. 6본에서는 선후도의 조화와 기 겨룸이 형식적이다. 7본이야 말로 문제가 심각하다. 후의 선 기술로 들어오는 상대 힘을 이용하여 세법(洗法)으로 스쳐 베야 하는데, 대부분의 시범자는 선의 선으로 후도가 먼저 쳐벤다. 멋있다. 그러나 틀렸다. 필자 소장 검도본 책 전부 다 후도가 먼저 베고 나간다. 왜 이론과 실제가 틀릴까? 그럼 이론을 바꾸면 될텐데…. 즉, 후의 선에서 선의 선으로. 소도의 경우 입신이 가장 중요한데, 이것은 눈에 보이지 않는다. 소도에서 선도의 역할은 상대의 마음을 읽어야 할 수 있는데, 과연 몇 명이나 이를 제대로 하고 있을까? 어린 중고등학생도 심사에서 소도본을 해야 되는데….

나. 대도본 실기에서의 의문점

1) 검도본에서 대도 4, 6, 7본은 후의 선이지만 나머지는 선선의 선(선의 선)이라고 되어 있으며, 소도의 경우 이에 대한 언급이 없다. 행위적으로 보면 모든 본이 후의 선이지만, 정신적 기준에 따라 대도 1, 2, 3, 5본은 선의 선이라니까 참 이해하기 어렵다. 마음 즉 정신이 기준이라면 대도 4, 6, 7본도 소도본도 모두 선의 선이 될 수 있지 않겠나? 그리고 후도가 제자인데 어떻게 선생을 정신적으로 이길 수가 있겠나? 우리나라에서는 대체로 대도본 모두를 후의 선으로 보는 경향이 있으나, 7본의 경우 대의 선으로 보기도 한다(김영학의, 2080).

   3선의 기준을 체계화 시킨 다카노 사사부로는 대도 5본을 후의 선이라고 했는데 스쳐 치는 대도 5본을 왜 일본연맹은 후에 선의 선으로 바꾸었을까? 스쳐치는 대도 6본은 후의 선인데….

2) 검도본을 하다 보면 기위, 기쟁, 기세, 위힐(位詰), 입신(入身) 등 겉으로 드러나지 않는 정신적 미(美)나 기(氣)의 움직임이 참 어렵다. 내면의 정신세계를 밖으로 표출해야 한다. 기합과 호흡에 대한 확신도 없다. 기합은 사람마다 다 다르다. 호흡은 어떻게 하는 것이 좋은가? 어떤 것이 맞고 또 틀리는지? 호흡은 자연스러워야 하고 기합은 듣기 좋아야 하는데, 그 기준은 무엇이며 또 어떻게 평가할 것인지? 정답은 없고 누구도 가르쳐 주지 않는 의문은 계속된다.

3) 대도의 자세 중 보폭의 경우, 상단, 어깨칼, 허리칼 순으로 점점 더 벌어지며 따라서 오른 발가락이 밖으로 향하는 정도도 그에 비례하는가? 필자는 이렇게 하고 있지만 사람마다 다 다르다.

4) 9보 거리를 맞추어 보폭을 약 60cm씩 잡고 있지만 현대인의 신장이 월등히 크므로 다소 더 멀리 잡는 것이 맞지 않을까? 즉, 9보 거리가 약 5m40cm가 아니라 그 이상이 현실적인 것 같다.

5) 실기에 있어 제일 어려운 부분은 대도 7본인데 우선 허리가 어디인지? 어떻게 베는 것인지? 소도 3본 허리와는 어떻게 다른지? 대부분 시범에서 후도가 선도의 허리를 먼저 스치면서 배까지 나가면 죽은 선도가 기합을 길게 넣으면서 머리를 친다. 멋있긴 하지만 검리에 맞는지? 책에 쓰인 대로 하면 "야", "도"가 거의 동시에 나오면서 멋진 대의 선 기술이 된다. 그런데 이것은 후의 선 기술이니 이렇게 하면 안 된다. 그런데 왜 후도가 먼저 치는가?

선도가 교육적으로 맞아 준다고 설명하는 사람도 있다. 그럼 규정을 바꾸면 되지 않겠는가?

6) 대도 2본 선도는 후도의 칼과 겹치는 기분으로 정중선을 쳐야 하는데 손목을 벨 수 있는가? 약간 옆 손목을 제대로 베야 하는데 지나치게 중심선을 강조하는 것이 아닐까?

7) 대도 3본의 경우 일족일도에서 선도의 칼끝이 후도의 명치에 닿는가? 제대로 찌르기 위해 교간(交間)*으로 더 깊게 가야 한다면 근거는 무엇인가? 왼손이 수평으로 나가며 명치를 찔러야 되는데 왜 자꾸 왼손을 올려 가슴을 찌르는가? 거의 모든 연무자가 이렇게 한다.

8) 대도 6본의 경우 선도의 손목을 친 죽은 칼이 우향하며 옆으로 떨어져야 하는데, 친 칼이 그대로 있는 연무자들이 대부분이고 손목 스냅으로 작게 치지 않고 들어서 크게 치는 사람들이 많다. 오른손을 꽉 잡고 치니까 칼이 스쳐 떨어지지 않고 살아서 그대로 있기도 하다.

9) 대도 3본의 찌름에서 세 번 칼이 교차하는데 그 거리와 교차점은? 대도 4, 5, 7 그리고 소도본은 경우는? 대도의 3분의 1과 소도의 2분의 1이 바람직하다고 생각한다. 격자부를 사용하라고 하는데, 칼끝 10센티로 막는 사람이 과연 몇 명이나 있을까? 격자부는 10센티라고 하면서 칼그림에는 격자부를 칼날의 3분의 1로 그려 놓았다. 현대 검도의 입장에서 보면 후자가 합리적이 아닐까 생각한다.

10) 검도본을 음양오행과 연결시켜 복잡한 이론 설명을 하고 있는데, 대도 4본에서 앞으로 튀어나온 어깨칼은 음세 뒤로 들어간 허리칼은 양세라니까 참으로 이해하기가 어렵다. 6본에서는 상극론으로 물이 불을 이기고 불이 나무를 이기고…. '상단은 불, 중단은 물이라 중단이 상단인 불을 이긴다.'라고 설명하는데…. 너무 관념적 해설이 아닐까?

11) 대도 4본은 원간에서 선도 후도가 동시에 머리를 치는데 선도가 왜 먼 거리에서 공격하는지 동기가 확실하지 않고, 후도의 경우 공격인가 방어인가? 선도 후도가 동시에 치므로 후도의 경우 반격은 분명 아니다. 선도의 경우 '기선을 제압하여 2차 공격의 주도권을 잡기 위해서'라고 추정되므로 7본의 찌름과 같은 기당(氣當)이 아닐까?

---

* 칼이 약 10cm 교차하는 거리로 일족일도 보다는 가까운 거리이다

12) 대도 5본 대 상단 중단세를 청안(晴眼) 또는 平正眼(taira-seigan)이라고 하였다가, 지금은 왼손을 거누는데, 대도 6본의 대 상단 중단세는 대도 5본과 그 원리가 같은데 왜 대부분의 연무자들은 후자를 훨씬 더 높게 더 넓게 하고 있을까?

13) 대도 7개 본 중 대도 4, 6, 7본은 '후의 선'으로 '선의 선' 네 개 본(1, 2, 3, 5본)과는 선도가 기회를 보는 방법이 다른 것 같은 느낌이며 시간적으로도 좀 더 빠른 것 같다. 무엇이 다른가? 왜 다른가? 같은 후의 선인 7본의 경우 기회를 보아 찌르지만, 머리를 칠 때는 후도의 기세에 눌려 할 수 없이 공격하므로 기회를 보지 않고 친다. 6본 역시 후도의 기세에 눌려 치지만 기회를 본다. 일관성이 없다. 그래서 연무자들이 6본의 경우 빨리 기회를 보고(칼끝이 만나자 마자) 친다. 필자의 생각에는 책이 틀리고 연무자들이 맞게 한 것 같다. 책도 틀릴 수 있다. 대도 7본의 후도가 허리를 치고 팔과 칼이 평행이 된다고 원전에 쓰여있고 모든 책이 그대로 따랐다. 손이 칼을 잡고 있는데 어떻게 팔과 칼이 평행이 될 수 있겠는가?

다. 소도본에서의 의문점

1) 대도 4본에서 후도가 반신세라서 원간이 된다면, 소도 1본의 경우 선도는 상단, 후도가 반신세이니까 원간이 되어야 하지 않을까? 어떤 것이 잘못된 것일까? 필자 생각으로는 4본을 굳이 작은 발로 나가라고 할 필요가 없는 것 같다.

2) 소도 3본의 하단 반신세의 발모양은 다른 소도 중단과 같지만 현실적으로 모두 작게 벌리며, 절반 정도의 연무자는 자세를 취하지 않는 소위 무가마에로 불리는 자세를 하고 있다. 입신은 2보 째 왼발에 걸려 좌입신이 되어야 하는데 이 또한 잘 지켜지지 않고 있는 것 같다. 선도는 후도의 좌입신의 기미를 알아차리고 3보 째 치고 나가는 것이다.

3) 대도 4본과 소도 3본의 경우 칼이 머리 위에서 멈추는데 그 이유는 거기까지 치는 것인지 아니면 다른 힘에 의해서 멈추게 되는 것인지가 불명확하다. 대도 4본은 세장선(細長線)4이 가늘어서 칼날 두 개가 못 들어가 멈추게 되고, 소도 3본은 후도가 칼을 틀면서 막아 멈추지만, 기(氣)로 막는다는 설도 있다. 이 또한 지나치게 관념적인 것 같다.

5. 검도본 용어에 대한 질의응답

질문 검도본에 나오는 용어 중 외국에는 있는데 한국에는 없거나 서로 다르게 쓰는 경우가 있는데, 주요 용어를 좀 정리해 줄 수 있는가

⊖ **답** 좋은 질문이다. 학문을 하다 보면 전문가와 비전문가의 차이는 '용어를 아느냐 모르느냐'에 따라 결정되기도 하므로 용어는 대단히 중요한 것이다.

우선 '기(機)'를 보아 … 에서의 기는 기회(機會)로 김영달 선생님께서 국내에서는 처음 번역하였고 영어 서적에는 opportunity로 되어 있으므로 그 번역이 무난해 보인다. 그렇지만 그 두 뜻이 같은 것이 아니다. 칼 부위의 이름의 경우 칼 옆 튀어나온 부분은 鎬(호, shinogi)인데, 이종림 선생님은 능각(稜角)으로 김영달 선생님은 시위로, 김덕선 선생님은 호로 사용하지만, 본서에서는 능각으로 사용한다. 기타 한문으로 표현될 수 있는 기위(氣位), 기백(氣魄), 위힐(位詰), 견절(見切), 절결(切結), 입신(入身), 기당(氣當)은 한글 발음 그대로 쓰기로 한다.

그 뜻은 다음과 같다.

⊘ 氣位(기위 kigurai)
당당한 기세인데 이는 반복된 수련을 통한 자신감으로부터 생성된 위력이다.

⊘ 氣魄(기백 kibaku)
어떤 상황에도 대처할 수 있는 정신력이다.

> 位詰(위힐 kuraizume)

상대보다 우위의 기세와 체세로 직접 공격하지 않고 접근하여 상대를 제압하는 것.

> 見切(견절 mikiri)

상대의 공격을 피하거나 막을 때 거리를 예측하는 행위. 즉, 끝까지 보다가 마지막 순간에 대응하는 것.

> 切結(절결 kirimusubu)

1개의 세장선(細長線) 위에 두 개의 칼이 겹치게 되므로 발생하는 순간 멈춤. (순간 멈춤은 김덕선 선생님의 번역임)

진검의 주요 부분의 번역은 다음과 같다.

> 刀身(도신 toshin) : 도신 또는 칼몸

> 鎬(shinogi) : 호 또는 능각 또는 시위

> 刃先(hasaki) : 칼날

> 物打(monouchi) : 격자부

> 劍先(kensen) 또는 切先(kissaki) : 칼끝

> 柄(tsuka) : 손잡이 또는 병혁

> tsuba : 코등이

> habaki : 코등이받침

> 柄頭(tsuka-gashira) : 병두

제5부

숙련자를 위한
칼의 이치

1. 상급 검리

공통 사항

- ⊗ 칼의 베는 방향, 즉 칼날의 방향은 우선 무엇보다도 중요하다. 이를 위해서는 특히 왼손에 유의해야 한다. 칼은 호(弧)를 그리며 곡선으로 크게 쓰며 점점 빠르게 당겨 치며(follow-through), 필요에 따라 강약완급을 조절해야한다.

- ⊗ 칼을 스쳐 올릴 때는 칼 옆에 튀어나온 능각으로 호을 그리며 경쾌하게 스치고 한 박자로 반격한다. 기타 칼끼리 부딪칠 때 항상 능각을 사용해야지 칼날로 막으면 안 된다.

- ⊗ 칼은 끝부분 격자부(약 10㎝)로 격자부위를 격자해야 한다. 머리 격자부위는 정중선 상의 정면이다. 손목은 손목관절부터 위로 약 5cm까지이고 허리는 갈비뼈와 골반뼈 사이의 약 10cm 구간이며 목 찌름 부위는 인후부이다.

대도 1본

상호 상단의 충실한 기세[1]로 3보 나와 선도가 기회[2]를 보아 크고 강하고 빠르게 후도의 손잡이 뒤에 가려진 머리를 손잡이 채 베어[3]버리는 실전기술을 사용했지만, 후도는 선도의 마음을 미리 읽고 견절(見切)[4]한 후 양손을 대각선 위로[5], 양발과 함께 몸을 뒤로 약간 뺐다가 한 박자로 빠르고 강하게 선도의 정면을 친다. 이어 선도가 뒤로 물러날 때 후도는 기백 있게 양미간을 겨누며,[6] 두 번째로 물러날 때 찌르듯이 기백 있게 왼발을 내딛으며 좌상단을 취한다.

---

1 이때 선후도의 기세는 대등하다.

2 원래는 기(機)라고 쓰였으며, 영어로는 opportunity, 즉 기회(機會)로 번역되었다. 국내에서는 기를 기회로 사용하므로 본서에서도 이를 따른다. 선도는 선생(선배)의 위치에서 지도적 사고를 함으로써 후도의 빈틈을 찾는 것이 아니라 후도의 준비된 대응태세를 보는 것이다.

3 반동적인 탄력을 받지 말고 호(弧)를 그리는 큰 기술로 배꼽까지 베며 친 칼은 하단까지 내려온다. 이때 칼끝이 호를 그리지 않으면 짧아지고 직선운동이 되기 쉽다.

4 선도의 칼이 가능한 가까이 쳐 왔을 때까지 보고 난 후에 칼을 뒤로 빼는 행위이다. 여기에서 가까이란 칼이 절반 이상 내려온 때를 의미하며 약 30cm 앞이 적당하지만, 하단자는 좀 멀리 그리고 숙달되면 더 가까이에서 피하는 것도 좋겠다.

5 이때 칼끝이 뒤로 눕혀지지 않도록 한다.

6 후도는 첫번 째 존심 후에도 선도가 물러나기 전까지는 움직이지 않는다. 이후 다른 분야에서도 모든 존심은 유무형 간에 기백 있게 취해야 한다.

대도 2본

상호 중단의 자세에서 선(先)의 기위(氣位)로 3보 나와 선도는 기회를 보아 후도의 오른 손목(정중선)을 크고 강하게 친다. 후도는 견절(見切)한 후 반좌향 뒤로 크게 물러나며 칼을 뺀 후 한 걸음 크게 들어가며 선도의 손목을 크고 강하게 친다.[7] 이어 무형의 존심을 기위 있게 취하고 원위치 한다.

대도 3본

상호 하단 자세를 취한 후 대등한 기세로 3보 나와 칼끝으로 기를 겨누면서(기쟁, 氣爭) 자연스럽게 중단이 된다. 선도는 기회를 보아 후도의 명치를 찌른다.[8] 후도는 크고 강하게 찔러오는 선도의 칼을 가볍게 누르면서 받아 흘린다.[9] 이와동시에 오른발부터 크게 들어가며 선도의 가슴을 한 박자로 되 찌른다.[10] 선도는오른발을 뒤로 빼는 동시에 칼을 후도의 칼 아래로 돌려 좌자연체가 되면서 격자부의 오른쪽 능각으로 후도의 칼을 오른쪽으로 누르면서 목을 겨눈다.[11] 후도는재차 찌르는 듯한 기세의 위힐(位詰)[12]로 왼발을 내디딘다. 이에 선도는 다시 칼을 밑으로 돌려 우자연체가 되면서 격자부의 왼쪽 능각으로 후도의 칼을 왼쪽으로 누른다.[13] 이때 칼은 대등하게 맞섰으나 선도는 후도의 기세에 눌려 뒤로 물러나며, 후도는 이를 놓치지 않고 작고 빠른 걸음으로 칼을 가슴, 목, 얼굴 순으로 점진적으로 올리며 따라간다.[14]

---

7   상대가 손아래 보일 정도로 든다. 각운동(角運動)이 아니라 원운동(圓運動)에 의한다.

8   왼손을 수평으로 찌르고, 양손은 차수건 짜듯이 안으로 조이면서 가볍게 잡는다. 상대의 칼을 죽이기 위해서 왼쪽 능각으로 누르면서 칼날을 오른쪽으로 약간 틀면서 찌른다.

9   '받아흘린다'에서 받는다는 개념은 역방향으로 약간(주먹 하나 크기 정도) 칼을 앞으로 내민 후 선도의 칼을 부딪친 후 칼끝을 당겨 내칼을 살리고 상대 칼을 죽이는 기분으로 한다. 이는 선도의 강함을 후도가 부드러움으로 약화시키는 것이다. 이때 후도의 왼손목이 죽어서는 안된다.

10   이때 후도의 칼날은 반우향하였다가 직하하면서 약간 오른쪽으로 틀면서 찌른다. 이때 선도와 후도의 칼이 서로 떨어지지 않도록 주의한다.

11   선후도의 기세는 대등하며, 선후도의 칼이 목과 가슴을 겨누면서 둘 다 살아 있어야 하며 선도 칼날은 반우향하며 후도 칼날은 직하한다. 선도가 상대칼을 막을 때는 팔을 쭉 뻗는 것이 좋다.

12   위힐은 찌르는 것이 아니라 찌를 듯이 몸으로 공세하여 상대를 제압하는 기술로 선도가 그 자리에 있어도 찔리지 않는다. 따라서 후도는 왼발을 작고 단호하게 나가며 뒷발을 당기지 않는 편이 좋다. 이때 칼끝은 상대의 가슴을 향한 채 움직이지 않는다.

13   이때에는 반대로 왼쪽으로 밀면서 선도의 칼날은 반좌향하며 상대의 목을 겨눈다.

14   후도 칼과 선도 얼굴의 간격은 10cm가 적당하다.

대도 4본

선도는 어깨칼(팔상세, 八相勢), 후도는 허리칼(협세, 脇勢) 자세를 취한 후 대등한 기세로 작은 3보 나와서 상호 좌상단으로 올려 충분한 기세로 양팔을 쭉 뻗으면서 오른발을 디디어 상대의 정면을 친다. 정중선에서 교차한 칼끝 부분(격자부)은 상호 정면 가까이에서 절결(切結)[15]된다. 절결(순간멈춤)된 두 칼은 자연스럽게 서로 중단이 되고[16], 선도는 기회를 보아 상대의 칼에 올라타는 기분으로 왼쪽 능각으로 후도의 칼을 감아 누르면서 우폐를 찌른다.[17] 후도는 눌러오는 선도의 칼을 감아 돌려 빼면서 크게 정면을 친다.[18] 이어 후도는 무형의 존심을 기위 있게 취하고 원위치 한다.

대도 5본

선도는 좌상단, 후도는 중단[19]으로 상호 선의 기위를 가지고 3보 나아가 일족일도의 거리에 이른 후, 선도가 기회를 보아 정면을 친다.[20] 후도는 몸을 뒤로 빼면서 선도의 칼을 스쳐 올려[21] 한 박자로 선도의 정면을 반격한다.[22] 이어 몸을 뒤로 빼면서 선도의 양미간을 겨눈 후 즉시 좌상단으로 존심을 나타낸다.

---

15 절결은 선후도를 연결하는 중앙세선(中央細線) 즉 아주 좁은 공간에 칼 두 개가 겹쳐져 순간적으로 동작이 멈춰지는 현상을 말한다. 두 사람이 정확하게 정중선을 쳤을 경우 발생한다. 만일 한 사람이 정중선을 치지 못하면 절락(切落)이 발생할 수도 있다.

16 이때 거리가 가까우면 선도가 1보 물러난다. 대도 4본과 소도 3본은 첫 공격 후 일족일도의 거리가 되어야 하며 그 위치에서 2차 공격을 하게 된다. 거리가 먼 이유는 대도 4본은 작은 걸음으로 나가고, 소도 3본은 3보 째 치기 때문이다.

17 찌름에 실패한 선도의 상체가 약간 구부러지며 칼끝 또한 자연히 수평보다 약간 낮게 내려간다.

18 왼발을 좌전방으로 오른발을 그 뒤로 옮기면서 몸은 선도를 향한다. 왼 주먹을 머리 위로 올리고 왼쪽 능각으로 상대의 칼을 감아 돌린다. 칼을 뺄 때는 3의 힘으로 정면을 칠 때는 7의 힘을 사용하는 것이 좋으며, 한 박자로 한다.

19 처음 검도본이 제정될 때는 청안(晴眼)이었으며 칼끝은 움직이지 않았으나, 후에 중단으로 개정되면서 상대의 왼 손목을 겨누게 되었다. 이때 오른손은 그대로 둔 채 왼손만 약간 앞으로 내민다. 거리측정의 기준은 일족일도의 거리이다.

20 상대의 턱까지 자르는 것이므로 타원형의 궤적으로 크게 쳐야하며 작게 상대의 칼을 겨냥해서는 안 된다. 턱까지만 베므로 1본과 달리 상체가 굽지 않는다. 몸이 앞으로 쏠림을 예방하기 위해서는 허리에 힘을 넣고 뒷발을 빨리 당겨 주는 것이 좋다.

21 왼쪽 능각으로 호를 그리며 당기면서 빠르게 스쳐올려야 하지, 자칫 잘못하면 빼어치기가 되기 쉽다. 스쳐올리는 시점은 선도의 양팔이 뻗는 순간이며, 접점은 머리 위가 되어야 한다. 접점에서 스쳐진 선도의 칼은 죽은 칼이 되어 자연스럽게 떨어져 반좌향하며 하단 높이로 몸의 중심에서 약간 벗어난다.

22 칼끝이 뒤로 크게 넘어가지 않도록 힘을 조절하여 스쳐올린 후 빠르고 강하게 친다.

대도 6본

선도는 중단, 후도는 하단으로 상호 선의 기위로 3보 나와 일족일도의 거리에 이르자, 후도는 기회를 보아 선도의 양 주먹의 중심을 공격할 기세로 칼끝을 올리기 시작한다. 선도는 이에 대응하기 위하여 칼끝을 내리면서 후도의 기를 눌러보지만,[23] 기 누름에 실패하고 뒤로 물러나며 좌상단을 취한다. 후도가 즉시 한 발 들어가며 압박하므로, 선도는 견디지 못하고 다시 중단이 된다.[24] 선도는 기회를 보아 후도의 오른 손목을 치고, 후도는 이를 스쳐올려 상대의 손목을 되치고[25] 물러나는 상대에 좌상단으로 존심을 취한다.[26]

대도 7본

선도 후도 모두 선의 기위로 중단으로 3보 나와, 선도는 빈틈없는 후도의 반응을 떠보기 위해 기회를 보아 작고 가볍게 1보 나가며 후도의 가슴을 찌른다.[27] 왼쪽 능각으로 누르며 들어오는 선도의 칼을 후도는 격자부 왼쪽 능각으로 떠받치며 막아낸다.[28] 이후 서로 순간적으로 대등한 기세가 되지만, 결국 후도의 강력한 기세에 눌려 몸을 버리고 뛰어들며 정면을 칠 수밖에 없게 된다.[29] 이에 후도는 오른발 왼발 오른

---

23 후도가 칼끝을 천천히 올리기 시작하면 선도는 후도의 기(칼이 아니라)를 누르기 위해 칼을 서서히 내리다가 수평정도에서 마주치려는 순간 견디지 못하고 오른발을 뒤로 물리며 상대의 흐름을 끊는다.

24 후도가 오른발부터 크게 한발 나아가며 선도의 좌상단 왼손목을 겨눌때, 선도는 약간 빠르게 칼을 내려 중단 세를 취하고, 후도는 이에 선도와 칼끝을 맞춘다.

25 선도 후도는 손목을 이용한 작은 기술을 사용한다. 스쳐올릴 때 오른쪽 능각으로 작게 반원을 그리는 기분으로 밑에서 위로 쳐 올리고 한박자로 작고 빠른 동작으로 손목을 친다. 이때 거의 수평으로 치면 제쳐 치기가 되기 쉽고 거의 수직으로 스치면 빼어 치기가 되기 쉬우니 조심해야 한다. 스쳐진 선도의 칼은 약간 우향하며 후도 무릎 약간 밖으로 떨어지며 죽은 칼이 된다. 이후 선도는 칼을 하단보다 약간 더 내리며 좌후방 뒤로 크게 물러나며 후도의 상단 존심을 유도한다.

26 후도는 크게 물러나는 선도의 인후부에서 얼굴중심을 겨누는 기분으로 찌르듯이 좌상단세를 취한다.

27 이 동작을 기당(氣當)이라고 하는데, 다음 동작을 결정하기 위해 한번 찔러보는 것으로 발은 가볍게 나가나 상대의 기와 칼을 모두 눌러야 하므로 칼은 강력해야 한다.

28 이때 양칼의 접점은 대략 어깨 높이가 적당하므로 높지도 낮지도 않도록 선후도 모두 조심해야 한다. 쌍방의 기위는 5:5이다. 선후도의 칼날방향(선도 오른쪽, 후도 왼쪽)으로 같다.

29 선도는 기회를 보지 않고 중단이 되는 동시에 2족1도(왼발, 오른발)의 변칙공격을 시도한다. 이때 빠르게 치는 것이 아니라 크고 바르게 하는 것이 중요하다. 왼발은 작고 빠르게 오른발은 거리에 맞춰 직선으로 나가며 타격 후 상체는 약간 앞으로 굽는다. 선도는 머리타격 후 잠시 시선에서 후도를 놓친다.

발 3보 나가며 선도의 오른 허리를 스쳐 지나가며 벤다.[30] 순간 떨어진 시선을 다시 맞추고 칼끝도 다시 맞춘 후 후도가 일어나 서로 중단이 되어 위치로 돌아간다.[31]

소도 1본

선도는 좌상단 후도는 중단반신세[32]로 3보 나와, 후도가 입신(入身)[33]하려고 함으로 선도가 후도의 정면을 공격한다.[34] 후도는 즉시 몸을 비스듬히 옆으로 빼면서 선도의 칼을 받아 흘리고[35] 한박자로 정면을 반격한다. 이어 상단[36]을 취해 존심을 나타내고 칼을 내려 서로 중단이 된다.

소도 2본

선도는 하단, 후도는 중단반신세[37]로 3보 나와 선도가 수세적 의미[38]로 칼을 중단으로 올린다. 이때 후도가 선도의 칼을 제압하면서 입신하려 하자, 선도는 오른

---

30 오른발(1)은 작게 우전방으로 방향을 정하고 왼발(2)은 크게 같은 방향으로 나가며, 선도의 들어오는 힘과 후도의 스쳐나가는 힘이 역학 작용에 의해 베도록 하며 오른발(3)로 베기를 마무리한다. 이때 2와 3은 한 박자 되어야 한다. 왼발(2)이 나갈 때 왼손을 왼 어깨 앞으로 들어올려 스쳐 벤다. 이때 칼날은 우향한다. 벤 후 즉시 오른 무릎을 가볍게 꿇은 후 허리에 칼을 대며 존심을 취한다.

31 이때 서로 칼의 연결이 끊어지지 않도록 한다. 원위치할 때 선도는 크게(7), 후도는 작게(3) 돌아야 하므로 선도가 후도에 맞추는 것이 좋다. 선후도의 기합은 각각 치는 순간에 넣는데, 선도는 오른발을 디딜 때, 후도는 왼발을 밟는 순간에 넣는다. 선후도가 칼을 머리 위로 크게 들어 서로 칼을 맞출 때, 선도는 왼발을 축으로 후도는 오른 무릎을 축으로 하여 서로를 향한다.

32 칼끝은 가슴높이로 왼 어깨를 감추어 공격받을 면적을 줄여 선도에게 공격의 빌미를 제공하지 않는 대신 항상 뛰어들려는 기분을 가지고 있어야 한다.

33 입신은 충실한 기세로 상대의 몸(여기에서는 왼손목) 가까이에 다가가는 상태이나 외형상 나타나지 않기 때문에 굉장히 어렵다. 그렇지만, 뛰어들려면 몸을 낮출 수밖에 없으므로 바로 이 순간이라고 생각하면 이해에 도움이 된다.

34 선도는 소도본에서 큰 기술로 바르게 치는 것이지 빠르고 강하게 치는 것이 아니다. 즉, 후도가 받아치기 좋게 완만하게 치는 것이 중요하다. 만일 대도 1본과 같이 급강(急强)으로 내려치면 소도가 부러져 위험하게 된다. 선도는 대도 5본과 같이 정면을 칠 때 허리에 힘을 넣어 상체가 구부러지지 않게 해야 하며, 친 칼끝은 하단 높이 정도가 적당하며 칼날은 직한다.

35 같이 맞치는 기분으로 위로 올리며 받아 흘린 후 오른손을 머리 위로 올려 크게 치는 것이 중요하다. 소도가 받아 흘릴 때는 엄지 검지 중지 순으로 힘을 주고 칠 때는 소지 약지 중지 순으로 힘을 주는 것이 좋다.

36 소도 상단은 대도 상단에 준하므로 너무 높이 들거나 칼끝이 뒤로 넘어가지 않도록 한다.

37 하단에 대한 반신세이므로 하단을 제압하는 기분으로 칼끝을 낮춘다. 칼끝이 가슴보다 높은 경우가 많으므로 주의해야 한다.

38 이와 반대로 대도 6본은 후도가 하단에서 공세적 의미로 올린다.

발을 뒤로 빼면서 허리칼로 벌릴 때[39] 후도는 재빨리 중단으로 선도의 목을 겨누며 1보 들어가 재차 입신[40]하므로 선도는 좌상단으로 들어 올려서 정면을 친다. 후도는 몸을 왼쪽으로 옮기며 받아 흘린[41] 즉시 머리를 친 후 선도의 오른 팔을 누르며[42] 인후부를 겨누는 존심을 취한다.

소도 3본

선도는 중단, 후도는 하단반신세[43]로 나가다가 후도가 두 번째 발에서 입신하려하자, 선도는 세 번째 발로 크게 나가며 상대의 정면을 친다.[44] 후도는 일단 그 칼을 스쳐 올려 막고 즉시 스쳐 떨어뜨린다.[45] 선도가 허리를 반사적으로 쳐오자[46]후도는 왼발을 반좌향 앞으로 내밀며 왼쪽 능각으로 그 칼을 스쳐 흘리고[47] 코등이받침까지 스쳐 넣어 칼을 제압하면서 앞으로 들어가는 동시에 선도의 오른팔을 잡고 옆으로 누른다.[48] 물러나는 선도를 공세적으로 3보 따라 들어간 후[49] 인후부를 겨누며 존심을 취한다.

39 허리칼은 작고 빠른 동작으로 하고, 오른발은 크게 뒤로 물려 후도의 입신공격을 거리를 확보하여 미리 피한다.

40 선도의 칼이 하단 이하로 뒤에 있기 때문에 반신할 필요 없이 중단으로 입신하며 후도는 공격적 태도를 취한다. 즉, 칼은 반신칼로 남아있지만 몸은 중단세로 바로 하여 당당하게 임한다.

41 받아 흘릴 때는 오른손을 머리 위로 칼끝은 뒤로 그리고 우측 능각을 사용한다.

42 소도 2본은 팔꿈치 관절 약간 윗부분을 아래로 누르며, 소도 3본은 옆으로 눌러 확실하게 팔의 자유를 억압한다.

43 소도의 하단반신세는 대도에 준하여 하단 겨눔을 하는 것이 원칙이겠으나, 다수의 연무자들은 겨눔이 없는 형태를 취하고 있다. 어떤 형태이든 소도 하단반신세는 언제든지 몸을 던져 상대에게 뛰어 들겠다는 강인한 정신적 자세가 준비되어 있어야 한다.

44 후도가 두 번째 발에서 세 번째 발로 나가며 입신하려는 기미를 알아채고 선도는 세 번째 발을 나가는 동시에 정면을 친다. 이때 두 번째 발에서 칼을 들어 세 번째에 치는 것이 아니다. 두 번 째와 세 번째 사이에서 후도가 약간 빠른 듯하게 움직이거나 또는 뛰어들려고 몸을 낮추는 듯한 기분이 나도록 하면 선도가 대처하기에 좋다.

45 스쳐올릴 때는 소도의 왼쪽 능각이 대도의 왼쪽 능각과 부딪친 후 정중선을 지키는 기분으로 하고 칼날은 약간 좌향하며, 칼끝은 중심선을 오른쪽으로 살짝 벗어난다. 후도의 머리 위에서 스쳐 올리며 한 박자로 상대의 체세를 무너뜨리는 기분으로 상대의 오른 무릎 쪽으로 소지와 약지, 오른 손목과 오른발을 이용하여 힘차게 밀어야 한다. 뿌린 후 소도의 칼끝은 상대의 복부(배꼽) 높이가 적당하다.

46 스쳐치는 대도 7본(세법) 보다 큰 허리로 치는 타법(打法)에 가까우며, 치는 순간 뒷발을 빨리 마무리 해야 하므로 타격 후 선도는 몸을 많이 틀수가 없다. 약간 비스듬한 정도(약 15도)가 바람직하며, 45도(대각선)는 뒷발 마무리가 느려서 안 된다.

47 후도는 복부 앞에서 횡으로 충분히 스쳐 흘리고 칼날을 세우면서 스쳐 집어넣는 기분으로 들어간다. 이상에서 4번의 스치는 기술 즉, 1) 스쳐 올림 2) 스쳐 떨어뜨림 3) 스쳐 흘림 4) 스쳐 넣기가 사용되었다

48 왼손은 팔꿈치 관절보다 약간 위를 옆으로 누르고 오른손으로는 상대칼을 누르면서 입신한다.

49 선도가 물러남으로써 후도는 쫓아가며 압박한다는 기분으로 따라간다. 밀고 들어가는 것이 아니다.

2. 선도 후도의 조화와 연결

앞에서 언급한 수많은 검의 이치(검리)를 선도 후도가 각각 아무리 잘 따른다고 하더라도 선도 후도가 조화를 이루지 못한다면 결코 검도본을 잘 했다고 할 수 없을 것이다. 무엇보다 먼저 기의 조화가 중요하다. 본을 연구하다 보니까 검도를 하면서 평소 등한시 했던 다수의 기(氣)자로 시작하는 용어들이 등장한다. 기위(氣位), 기백(氣魄), 기세(氣勢), 기당(氣當), 기쟁(氣爭) 등이다. 연수원에 걸린 몇 안 되는 현판에도 기검일체(氣劍一體), 기입무간(氣入無間)의 기가 들어가는 글이 두 개나 걸려 있는 것을 보면 검도에 있어 기가 그 핵심이라는 것을 알 수 있다. 오늘날 '검도가 외공은 세지만 내공이 약하다'라는 비판을 받는 이유는 기가 약해서 그런 것 같기도 하다. 그렇다면 기위나 기백, 기세는 무엇인가? 눈에 보이지는 않지만, 수련을 통해 내재되어 있는 강한 정신력을 밖으로 표출하는 것이 아닌가 생각한다. 일종의 자신감이라고 할 수 있다. 기본적으로 선도 후도의 기세는 반반으로 대등하며 공격과 반격은 기백있게 행하여야 하며 존심을 포함한 자세는 기위 있게 취해야 한다. 구체적으로 예를 들면 대도 3본과 6본에서 선도 후도는 치열한 기를 겨루어 조화를 이룬 후 다음 동작으로 연결되어야 한다. 필자의 생각에는 선도의 기와 후도의 기가 합쳐 합기(合氣)를 이루고 비로소 공반(攻反)이 완성되는 것 같다.

다음으로 칼의 조화와 연결인데, 예를 들면 대도 3본에서 선도가 찌르고 후도가 되 찌를 때 칼이 연결되어 있어야 하며, 4본에서 머리 친 후 칼이 중단으로 내려올 때 서로 깎듯이 두 칼이 조화를 이루어야 하고, 7본에서는 공반이 끝난 후 서로 중단이 되어 돌아올 때 두 칼의 연(緣) 즉, 연결이 끊어지지 않아야 한다. 칼은 일족일도의 거리에서 서로 접촉하며 교감해야 하는데 상호 중단에서도 두 칼이 떨어져 있는 경우를 자주 발견한다(대도 2본). 이것은 대단히 잘못된 것이다. 정중선을 차지하기 위한 다툼(밀고, 당김)이 있고 칼끝은 살아 있어야 한다. 기는 보이지 않기 때문에 대단히 어렵지만 칼은 보이지 않는가? 상대적으로 쉬우므로 조금 더 주의를 기울일 필요가 있다.

그 다음은 체 즉, 몸의 연결과 조화이다. 기는 보이지 않으므로 어디든지 들어갈 수 있고 칼은 접촉이 있으나 몸은 떨어져 있는데, 어떻게 조화를 이룰까? 소도

2, 3본은 팔을 잡으며 접하는 예외적인 경우도 있지만 말이다. 그런데도 본 연무를 보면 선도 후도의 몸이 따로따로 노는 사람이 있는가 하면 한 몸과 같이 연결된 것처럼 호흡을 맞춰 멋진 피겨스케이트의 남녀혼합 복식조처럼 움직이는 사람도 있다. 누가 더 아름다울까? 불문가지(不問可知)이다. 그래서 필자는 2인3각 달리기처럼 두 사람이 한 다리씩 묶고 달리는 기분으로 검도본을 하면 좋지 않을까 생각한다. 혹자는 고무줄로 둘을 연결한 것처럼 하라고도 말한다.

검도본이 어려운 이유는 상대가 있기 때문이다. 그래서 재미도 있지 않은가? 혼자 잘해서는 절대로 안 되며, 선도 후도가 기검체(氣劍體)의 조화를 이루며 해야 한다. 선도는 선생으로 리더십을 발휘하여 후도를 검도본의 꽃으로 활짝 피게해야 하며, 후도는 배우고자 하는 겸손한 하심(下心)을 가지고 팔로우어십을 보여야 한다. 배우고 가르치며 서로 성장한다는 교학상장(敎學相長)의 정신이 검도본 수련에서 가장 중요하지 않을까 생각하며 본서를 마무리 한다. 첨언하면, 선도 후도는 각각 검리에 충실한 검도본을 해야 되며 상호 협력하여 조화를 이루어야 한다. 한 걸음 더 나아가 옆에서 보는 사람까지도 그 아름다움을 느낄 수 있어야 진정 멋진 검도본이 되지 않을까?

죽도본(竹刀本)

제1장
개론

1. 죽도본 제정의 필요성

검도는 '칼싸움'에서 유래된 스포츠이므로 검도경기의 운영은 칼의 운용원리 즉 검리를 따라야 한다. 그러나 오늘날 대부분의 검도인들이 죽도로 검도를 배우기 시작했으며, 주로 죽도를 사용하여 검도를 수련하다 보니 그 기본원리를 쉽게 망각하게 된다. 예를 들면 죽도가 옆으로 돌아간다든지 칼날 방향이 틀어진 채 옆으로 타격하는 경우가 자주 발생한다. 이러한 오류가 경기나 심사에서 발견되지 않고 득점으로 인정되기도 한다. 칼은 베는 것인데 이러한 형태의 타격은 벨 수가 없으므로 '엉터리 검도'가 된다. 오늘날 연습이나 경기에서 이러한 오류가 심심치 않게 발견되는 게 현실이다. 추측컨대, 손목이나 허리 타격시 20-30퍼센트의 타격이 정확하지 않은 것 같다. 연습 도중 보면 10명에 한 두 명은 죽도가 돌아가고 있기도 하다. 또한 상당수 검도인들은 오른손으로 밀어서 갖다 대거나 때리는 피스톤식 타격을 하고 있으므로, 이는 원운동의 검리에 어긋난다고 생각한다.

이러한 문제점을 교정 내지는 보완하기 위해서는 진검을 사용하여 베기를 하거나 검도본 또는 조선세법을 자주 해 보는 것이 좋을 것 같아 적극 추천한다. 필자 또한 조선세법을 수련하면서 또 검도본과 베기를 하면서 검도를 더욱 깊이 있게 이해하는 계기가 되었다. 즉, 진검의 개념을 가지고 검도연습 시 격자하게 되었고 따라서 이는 고단자의 길을 가는 데 큰 도움이 되었다.

그러나 검도를 수련한지 오래 되지 않은 하단자나 유급자인 경우, 진검의 개념을 제대로 공부하지 못한 채 검도본을 배우게 되므로 대다수는 그냥 흉내만 내게 된다. 뿐만 아니라 검도본에는 현대검도인으로서는 이해하기 힘든 동작과 기술들이 많아 이들을 더욱 어렵게 하지만, 승단 심사의 과목이니 배우지 않을 수도 없다. 예를 들면 제1본부터 아직 배우지도 않은 상단으로 시작하며 오늘날 거의 사용하지 않는 소도로 끝난다. 이렇다 보니 검도본은 심사를 위한 과목으로만 알고, 심사를 마치면 다음 심사 때까지는 수련하지 않는 경향도 있다.

검도본을 통해서 오늘날 현대검도가 간과하고 있는 진검개념, 칼날방향, 격자부와 격자부위, 격자방법 등을 배울 수 있지만, 검도본은 초보자들에겐 너무 어렵게 만들어져 있으며, 그 이론 또한 스포츠과학적으로 보면 이해하기 어려운 부분도 있다. 그러나 과거부터 관습적으로 해 내려온 형태를 바꾸기도 쉽지 않은 실정이다. 더더욱 오늘날 새로운 검도본을 제정한다는 것은 시대착오적인 생각이다. 앞에서 언급한 바와 같이 현대검도와 동떨어진 검도본의 문제점으로 인하여 고단자나 전문가 아닌 초급자들은 이를 제대로 이해할 수 없게 되어 검도본의 교훈을 배우기가 쉽지 않다. 이에 본고에서는 검도본의 취지와 개념을 최대한 살리되 현대검도의 주요 기술을 중심으로 초보자들이 쉽게 이해할 수 있는 죽도본을 제정하고자 한다. 옛 검도와는 괴리되어 발전한 스포츠 검도를 즐기는 현대 검도인들이 바른 자세와 타격 그리고 운검/용검 등을 올바르게 배우도록 간단하고 쉽게 만들었으며 주로 유급자와 하단자 수준에 맞추었다.

2. 죽도의 각 부분명칭

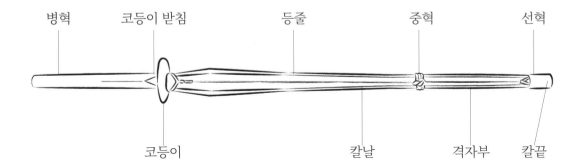

> ◎ 목도의 규격

구 분	중 학 생		고 교 생		대학생, 일반	
	남	여	남	여	남	여
길이	114cm이내	114cm이내	117cm이내	117cm이내	120cm이내	120cm이내
무게	440g이상	400g이상	480g이상	420g이상	510g이상	440g이상
선혁 직경	25mm이상	24mm이상	26mm이상	25mm이상	26mm이상	25mm이상

3. 죽도본 수련목적 및 시행요령

가. 죽도본 수련목적

1) 중심 개념과 정중선 지키기
2) 칼날의 방향
3) 적절한 거리
4) 눈 맞춤
5) 정확한 타격부와 타격부위
6) 바른 자세와 호흡 그리고 기합

나. 죽도본 시행요령

1) 선도와 후도의 기세는 대등하나 선도가 선배로서 연무를 주도한다. 후도는 1본에서 5본까지 선도가 보여준 공격을 반복하며 배운 후, 6~10본에서는 선도의 선제 공격에 반격으로 맞서 대의 선 또는 후의 선으로 승리한다.

2) 기합은 타격부위의 명칭으로 한다.

3) 공격 후 원위치 할 때 마지막 공격자 주도로 하되 선후도가 동시에 동작한다.

4) 입례의 거리에서 크게 숨을 들여 마시고, 이동 중에는 숨을 참거나(가볍게 코로 내쉬며 타격 시 기합과 함께 숨을 길게 내쉰다) 이어 자연스럽게 가능한 짧은 호흡을 하며 원위치한다.

5) 타격 시 칼끝이 호를 그리며 크고 점점 빠르게 타격하고, 멈출 때는 양손을 잡으면서 손목을 가볍게 안으로 조인다. 발은 구르지 않지만 크고 힘있게 나간다.

6) 앞으로 이동할 때는 앞발이 먼저, 뒤로 갈 때는 뒷발이 먼저 움직이나 즉시 나중 발이 따라 붙어 동작을 마무리해야 한다.

7) 머리, 손목, 허리 타격 및 찌름을 할 때 오른발이 크게 앞으로 나가며, 왼발은 즉시 따라 붙인다.

8) 시선은 떨어지지 않으며 상대의 눈을 중심으로 몸 전체를 본다.

4. 죽도본 연무시 출입

선 후도는 입례의 거리에서 상호 인사를 하고 일족일도의 거리에서 서로 죽도를 겨룬다.

1) 입회의 거리는 약 9보 거리(약 5.5m)이다.
2) 일족일도의 거리는 중앙에서 서로 두 죽도가 약 9-10cm(3치) 교차한 거리로 큰 한 걸음 나아가면 상대에게 도달이 가능한 거리이다. 원간의 거리는 약 3cm(1치) 교차한 먼 거리를 의미한다.
3) 이동 시에는 밀어걷기로 원위치 할 때는 보통걸음으로 한다.
4) 1족장은 성인기준 약 30cm, 1보는 성인기준 약 60cm이다.(단, 소인은 신장에 따라 조정가능)

◯〉 죽도본 요약

구 분	선후도 역할	선도 타격부위	후도 타격부위
기초편 (격자부위)	1. 선도의 공격을 후도는 그대로 반복함	머리	머리
	2. 선도의 공격을 후도는 그대로 반복함	손목	손목
	3. 선도의 공격을 후도는 그대로 반복함	허리	허리
	4. 선도의 공격을 후도는 그대로 반복함	찌름	찌름
	5. 선도의 공격을 후도는 그대로 반복함	손목-머리	손목-머리
기초편 (격자부위)	6. 대의 선으로 후도가 승리함	머리	허리
	7. 후의 선으로 후도가 승리함	손목	머리
	8. 후의 선으로 후도가 승리함	허리	머리
	9. 후의 선으로 후도가 승리함	찌름	머리
	10. 대의 선으로 후도가 승리함	손목-머리	머리

5. 바람직한 중단세

정 면

칼끝(검선 : 劍先)

칼끝의 높이는
자신의 가슴과 목 사이 부근이며,
칼끝은 상대와 맞서고 있을 때는
칼끝의 연장선이
상대의 양눈 사이를 겨누도록 한다.

눈

상대의 눈을 보면서
전신을 보도록 한다.
약간 내려 보는 것이 좋으나
손목부위를 보는 것은 좋지 않다.
눈이 나쁜 사람은
반드시 안경을 쓰도록 한다.

겨드랑

너무 조이지도 말고
너무 늦추지도 말고,
겨드랑 안에 새를 가볍게 잡고 있는
기분으로 자세를 잡는다.

가슴

가슴을 가볍게 내밀어
반듯하게 한다.

팔꿈치

양 팔꿈치는 벌리지도
오무리지도 말고 자연스럽게 둔다.
오른쪽 팔꿈치가 뻗어지는 사람은
손잡이를 짧게 조절하는 것이 좋다.

발

발끝은 좌우 모두
정면을 향하도록 하나
왼발의 뒷꿈치는
너무 들지 않도록 주의 한다.
뒷발의 앞꿈치
(스케이트 라인)에 힘을 줘
항상 앞으로 나갈 수 있도록
준비 되어 있어야 한다.

무릎

양쪽 무릎은 펴되
유연하게 하여
공반에 즉각적 대응을
할 수 있도록 한다.

측 면

목

힘을 빼고 자연스럽게
세운 듯이 한다.
항상 턱을 약간 당기는 듯한
기분을 갖는다.

등

등은 펴고 등과 가슴 어깨에 힘을 뺀다.
어깨와 등의 힘을 빼서 편안하게 하고
가슴을 느긋하게 펴고,
양 어깨의 힘을 빼 늘어지듯이 한다.

오른손

오른손의 경우는
옆부터가 아니라 위부터 쥔다.
소지, 약지, 중지 순으로 조이고,
엄지와 검지는 가볍게 감아 쥔다.
전체적으로는 알을 쥔 것과 같이
살짝 감싸는 것이 좋다.

허리

허리는 유연하게 하며,
허리를 안정시키기 위해서는
허리의 중심을 약간 올리는 듯한
기분으로 편다.

왼손

우산을 잡듯이 잡는다.
왼손의 쥐는 방법을
올바르게 하는 것은
정확한 자세와도 연관된다.
새끼손가락은 손잡이를
끝머리부터 감아 쥐고
약지, 중지 순으로
조여 힘을 준다.
엄지와 검지는 가볍게
덧붙이듯 한다.
왼 주먹의 위치는
배꼽으로부터
주먹 하나 정도 앞으로 내고,
주먹 하나 정도 내린다.

배

복식호흡을 행하고
아랫배를 허리 뒤에 붙인다는
느낌으로 힘을 준다.
아랫배에 힘을 넣으면
어깨에 힘이 빠지며
중심이 내려와 허리가 안정된다.

손의 위치

오른손은 코등이에 살짝 닿도록,
왼손은 죽도의 끝머리가
새끼손가락 반 정도 걸리게 한다.

제2장 죽도본 실기와 해설

1. 제1본

중요 사항	상대의 죽도를 공세 하여 누르고 들어가 칼이 올라오기 전 **머리 타격**.

죽도 제1본 실기 내용	
후도(흰 도복)	**선도**(검은 도복)

선도 후도 상호 9보 거리에서 상호 15도 각도로 인사를 한 후에 허리에 칼을 차고 죽도를 뽑아 중단자세로 선도 후도 모두 스쳐 걷기로 3보 나아가 거리에 이른다.

선도 후도 입례의 위치에서

상호 인사를 한 후에

죽도를 허리에 찬다.

선도(검은 도복)

1. 선도는 원간(죽도 3cm 교차)에서 약 반보 들어가면서 상대의 죽도를 그대로 가볍게 눌러 공세를 취하여 정중선을 확보한 후 즉시 정중선에서 죽도를 크게 들어 상대의 정면을 '머리' 기합과 함께 크고 강하게 한 박자로 친다.

2. 이어 왼발부터 3보 물러나 원위치한다.

원간에서 선도는 정중선을 눌러 들어가며

크게 들어 후도의 머리를 친다. 이어 원위치한다

후도(흰 도복)

1. 후도는 선도가 원위치 하면 즉시 정중선에서 상대의 죽도를 누르고 반보 들어가 죽도를 크게 들어 상대의 정면을 '머리' 기합과 함께 크고 강하게 한 박자로 친다.

2. 이어 왼발부터 3보 보통걸음으로 물러나 원위치한다.

1) 반보는 약 30cm이며 중혁과 중혁의 교차점 이상 더 들어가면 가까워서 안 된다.

2) 죽도의 타격부는 선혁과 중혁 사이이며 칼끝으로부터 약 20cm 이다.

3) 머리 타격 후 죽도와 머리의 간격은 약 10cm가 적당하다.

4) 머리를 칠 때 3족장(약 90cm)의 공간이동이 적당하나 거리에 따라 조절한다.

후도는 정중선에서 크게 들어

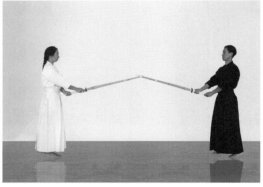

선도의 머리를 친 후 원위치한다.

제2장 죽도본 실기와 해설

2. 제2본

> **중요 사항** 상대의 죽도를 안쪽에서 오른쪽 위로 쳐 올리며 들어가면서 한 박자로 **손목 타격.**

죽도 제2본 실기 내용

선도(검은 도복)

1. 선도는 원간에서 크게 1보 들어가면서 안쪽에서 상대의 죽도를 쳐 올리며 중심선을 확보한 후 즉시 (크게 들어)상대의 손목을 '손목' 기합과 함께 크고 강하게 한 박자로 친다 .

2. 이어 왼발부터 3보 물러나 원위치한다.

선도는 상대의 죽도를 쳐 올리며 크게 들어

후도의 손목을 친 후 원위치한다.

후도(흰 도복)

1. 후도는 선도가 원위치 하면 즉시 정중선에서 크게 1보 들어가면서 죽도를 쳐 올린 후 크게 들어 상대의 손목을 '손목' 기합과 함께 크고 강하게 한 박자로 친다.

2. 이어 왼발부터 3보 보통걸음으로 물러나 원위치 한다

1) 손목 타격 후 죽도와 손목의 간격은 약 10cm가 적당하다.
2) 손목타격 역시 칼끝의 궤적이 큰 호가 되어야 한다.

후도는 선도의 죽도를 쳐 올린 후 선도의 손목을 친다.

원위치 하여 중단에서 상호 칼을 맞춘다.

제2장 죽도본 실기와 해설

3. 제3본

<table>
<tr><td>중요
사항</td><td>상대의 죽도를 좌하로 친 후 위로 올라가는 틈을 타 들어가며 허리 타격.</td></tr>
</table>

죽도 제3본 실기 내용

선도(검은 도복)

1. 선도는 원간에서 1보 크게 들어가면서 안쪽에서 상대의 죽도를 우상(右上)에서 좌하(左下)로 비스듬히 내려친 후 반동을 받아 상대의 죽도가 올라 틈을 타서 상대의 허리를 '허리' 기합과 함께 (크게 들어가며 머리 위로 크게 들어) 대각선으로 강하게 한 박자로 친다.

2. 이어 왼발부터 보통걸음으로 3보 물러나 원위치한다.

상호 중단에서 선도는 죽도를 들어

후도의 죽도를 좌하로 쳐 내려 죽도가 올라오는 틈을 타 크게 들어

후도의 허리를 치고 3보 물러나

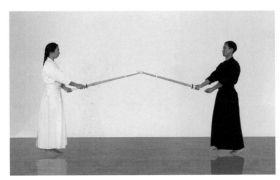

원위치 하여 중단에서 상호 칼을 맞춘다

후도(흰 도복)

1. 선도는 원간에서 1보 크게 들어가면서 안쪽에서 상대의 죽도를 우상(右上)에서 좌하(左下)로 비스듬히 내려친 후 반동을 받아 상대의 죽도가 올라 틈을 타서 상대의 허리를 '허리' 기합과 함께 (크게 들어가며 머리 위로 크게 들어) 대각선으로 강하게 허리를 한 박자로 친다.

2. 이어 왼발부터 보통걸음으로 3보 물러나 원위치한다.

1) 허리인 경우 격자부는 칼끝으로부터 약 30cm 까지로 한다.
2) 허리 타격 후 죽도와 허리의 간격은 약 10cm가 적당하다.
3) 허리를 칠 때 정중선을 벗어나지 않고 정면으로 상대와 마주 본다.

이번에는 후도가 선도의 죽도를 쳐 내린 후

죽도가 올라오는 틈을 이용하여 선도의 허리를 친다.

이어 상호 죽도를 맞추고 원위치한다.

제2장 죽도본 실기와 해설

4. 제4본

중요 사항	상대의 죽도를 타고 들어가는 기분으로 정중선을 확보한 후 한 박자로 들어가며 **목 찌름**.

죽도 제4본 실기 내용

선도(검은 도복)

1. 선도는 약 반보 들어가면서 후도의 죽도를 그대로 가볍게 눌러 중심선을 확보한 후 크게 들어가며 상대의 목을 '찌름' 기합과 함께 찌른다.

2. 이어 왼발부터 보통걸음으로 3보 물러나 원위치한다.

선도는 중심선을 타고 들어가 상대 죽도를 가볍게 누르며

후도의 목을 찌른다. 이어 왼발부터 3보 물러나 원위치한다.

후도(흰 도복)

1. 후도는 선도가 원위치 하면 약 반보 들어가면서 선도의 죽도를 그대로 가볍게 눌러 중심선을 확보한 후 크게 들어가며 상대의 목을 '찌름' 기합과 함께 찌른다.

2. 이어 왼발부터 보통걸음으로 3보 물러나 원위치한다.

1) 반보는 약 30㎝ 이다.
2) 왼손과 허리가 들어가며 몸으로 찌른 후 왼발을 즉시 따라 붙인다.
3) 찌른 후 죽도 끝과 목의 간격은 약 10cm가 적당하다.
4) 찌를 때 2족장 반의 공간이동이 적당하나 상대와의 거리에 따라 다소 달라질 수 있다.
5) 왼손은 앞으로 쭉 밀며 오른손은 차 수건을 짜듯이 가볍게 잡는다.

후도는 중심선을 타고 들어가 죽도를 가볍게 누르며,

선도의 목을 찌른 후 3보 물러나 원위치한다.

제2장 죽도본 실기와 해설

5. 제5본

중요 사항	상대의 죽도를 우상(右上)으로 가볍게 스쳐 올리며 작고 빠르게 **손목 타격** 다시 들어가며 크게 들어 **머리 타격**.

죽도 제5본 실기 내용

선도(검은 도복)

1. 선도는 원간에서 1보 크게 들어가면서 후도의 죽도를 안쪽에서 우상으로 가볍게 쳐올리며 한 박자로 작고 빠르게 상대의 손목을 '손목' 기합과 함께 치고 다시 정중선에서 크게 들어 (또 들어가며) '머리' 기합과 함께 강하게 정면을 친다.
2. 이어 왼발부터 3보 물러나 원 위치 한다.

선도는 후도의 죽도를 가볍게 쳐올리며

스쳐 올린 칼로 후도의 손목을 작고 빠르게 친다.

이어 칼을 크게 들어 후도의 머리를 친다.

이후 중앙에서 원위치한다.

후도(흰 도복)

1. 후도는 크게 1보 들어가면서 선도의 죽도를 안쪽에서 가볍게 쳐 올리며 한 박자로 작고 빠르게 상대의 손목을 '손목' 기합과 함께 치고 다시 정중선에서 크게 들어 1보 들어가며 '머리' 기합과 함께 강하게 정면을 친다.

2. 이어 왼발부터 3보 물러나 원위치한다.

3. 칼을 풀고 뒤로 5보 물러난 뒤에 중단세를 취한다.

---

1) 타격부는 선혁과 중혁 사이로 칼끝으로부터 약 20cm 까지이다.

2) 손목/머리 타격 후 죽도와 허리의 간격은 약 10cm가 적당하다.

3) 머리를 맞아줄 때 선도는 뒤로 물러나지 않는다.
   손목을 칠 때는 왼주먹이 복부 앞, 머리를 칠 때는 가슴 앞까지 올린다.
   (큰 동작은 양손 밑으로 상대를 보지만, 작은 동작은 양손 위로 상대를 본다).

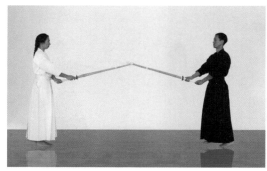 

후도는 선도의 죽도를 가볍게 쳐올리며

스쳐 올린 칼로 선도의 손목을 작고 빠르게 친다.

이어 칼을 크게 들어 선도의 머리를 친다.

이어서 중앙으로 원위치한 후 상호 칼을 푼다.

선도 후도 뒤로 물러나 입례의 위치(9보 거리)에서

선도 후도 중단세를 취한다.

제2장 죽도본 실기와 해설

6. 제6본

중요 사항	선도는 크게 들어가며 **머리를 치고**, 후도는 반우향 앞으로 나가며 동시에 **허리 타격**(대의 선으로 후도 승리).

죽도 제6본 실기 내용	
후도(흰 도복)	**선도**(검은 도복)

1. 선도와 후도는 크게 3보 나아가 일족일도의 거리에서 중단세로 칼을 맞춘다.

2. 선도는 일족일도의 거리에서 기회를 보아 후도의 머리공격을 시도한다. 이때 후도는 반우향 대각선 방향으로 오른발부터 우전방으로 나가며 죽도를 왼어깨 위로 올려 선도의 허리를 반우향 앞으로 나가며 한 박자로 경쾌하게 친다. 타격 후 후도의 시선과 몸은 선도를 향한다 .

   선후도는 각각 '머리'와 '허리' 기합을 넣는다. 선도의 공격이 먼저 시작되나 거의 동시에 출발한 후도가 후발선지로 대의 선으로 승리한다.

3. 이어 후도의 주도로 선도, 후도 동시에 원위치한다.

1) 선도는 머리를 친 후 죽도를 상대의 머리 높이에서 멈춘다.
2) 3본에서는 바르게 크게 들어 정중선에서 허리를 치나, 여기에서는 죽도를 어깨에 메어 우전방으로 나가며 빠르게 허리를 친다.
3) 선후도의 기합이 끊어지지 않도록 한다.
4) 1본 ~ 5본에서의 거리는 원간(3cm 교차)이나 6본 ~ 10본에서는 일족일도(9~10cm 교차)의 거리이다.
5) 1본 ~ 5본에서는 선도는 공세를 하여 이긴 후 공격하나, 6본 ~ 10본에서는 선도가 기회를 보아 공격한다. 기회를 본다는 개념은 검도본에 준한다. 즉, 선도는 지도적 사고로 후도와 대응태세 여부를 확인하는 것이다.

입례의 위치(9보 거리)에서 중단으로 맞선 후

3보 나아간 상호 중앙의 위치에서 후도의 기회를 보아 선도는 크게 들어

179

선도가 머리를 칠 때 후도는 죽도를 어깨에 메어 선도의 허리를 재빨리 친다.

중앙으로 원위치한다.

제2장 죽도본 실기와 해설

7. 제7본

중요 사항	선도는 크게 들어가며 **손목을 치며**, 후도는 좌후방으로 가볍게 물러난 후 즉시 크게 들어 한 박자로 **머리 타격**. (후의 선으로 후도 승리)

죽도 제7본 실기 내용	
후도(흰 도복)	**선도**(검은 도복)

1. 선도는 일족일도의 거리에서 기회를 보아 후도의 손목을 크게 친다. 이때 후도는 반 좌향 뒤로 왼발부터 가볍게 물러났다가 오른발부터 선도를 향하여 크게 나가며 죽도를 들어 머리를 친다. 이 때 후도의 시선과 몸은 선도를 향하며, 선후도는 각각 '손목'과 '머리' 기합을 넣는다. 후도가 후의 선으로 승리한다.

2. 이어 후도의 주도로 선도 후도 동시에 원위치 한다.

1) 선도의 손목을 친 죽도는 정중선에 있으며 손목 높이보다 약간 낮은 정도로 한다.
2) 후도가 뒤로 물러갈 때 죽도를 약간 낮추며 선도의 복부를 겨눈다.
3) 후도는 물러감과 나아감이 두 박자로 끊어지지 않도록 한다.

상호 중단세에서 선도가 기회를 보아 크게 들어

후도의 손목을 치자, 후도는 좌후방으로 물러났다 선도의 머리를 친다.

이어 중단세로 원위치한다.

제2장 죽도본 실기와 해설

8. 제8본

중요 사항	선도는 정면으로 들어가며 크게 **허리를 치고**, 후도는 좌 후방으로 물러나며 상대 칼을 쳐 낸 후 다시 크게 들어 **머리 타격**. (후의 선으로 후도 승리)

죽도 제8본 실기 내용	
후도(흰 도복)	**선도**(검은 도복)

1. 선도는 일족일도의 거리에서 기회를 보아 후도의 허리를 친다. 이때 후도는 좌후방 대각선 방향으로 왼발부터 나가며 상대의 죽도를 힘 있게 쳐내며 방어한다. 이후 즉시 오른발부터 한걸음 들어가며 선도의 머리를 크게 친다. 이때 후도의 시선과 몸은 선도를 향하며, 선후도는 각각 '허리'와 '머리' 기합을 넣는다. 후도가 후의 선으로 승리한다.

2. 이어 후도의 주도로 선도 후도 동시에 원위치 한다.

1) 선도가 크게 정면 앞으로 나가면서 허리를 친다.
2) 후도는 선도의 죽도를 힘 있게 쳐내고 그 반동을 받아 즉시 크게 들어 머리를 친다.
   이때 두 박자로 끊어지지 않도록 한다.
3) 후도가 머리를 칠 때 선도의 위치에 따라 거리를 조절한다.

상호 중단세에서 선도가 기회를 보아 크게 들어

후도의 허리를 치자, 후도는 이를 힘껏 쳐낸 후

선도의 머리를 친다.

선도 후도 원위치한다.

제2장 죽도본 실기와 해설

9. 제9본

중요 사항	선도는 크게 들어가며 **목을 찌르고**, 후도는 우 전방으로 비껴 나가며 한 박자로 **머리 타격**. (후의 선으로 후도 승리)

죽도 제9본 실기 내용	
후도(흰 도복)	**선도**(검은 도복)

1. 선도는 일족일도의 거리에서 기회를 보아 오른발부터 나가며 후도의 목을 찌른다. 이때 후도는 오른발부터 반우향 앞으로 나가며 선도의 죽도를 스쳐 올리면서 크게 머리를 친다. 선후도는 각각 '찌름'과 '머리' 기합을 넣는다. 후도가 후의 선으로 승리한다.

2. 이어 후도의 주도로 선도 후도 동시에 원위치 한다.

1) 선도는 왼발과 허리, 그리고 왼손에 힘을 주며 힘 있게 찔러 들어간다. 뒷발은 즉시 따라 붙는다.
2) 후도가 스칠 때 몸과 시선이 약간 왼쪽으로 틀어져 상대를 향한다.
3) 스쳐 올림과 머리타격이 한 박자 되도록 한다.

선도는 기회를 보아 오른발부터 나가며

후도의 목을 찌른다. 이때 후도는 이를 스쳐 올린 후

선도의 머리를 친다. 이어서 원위치한다.

제2장 죽도본 실기와 해설

10. 제10본

중요 사항	선도가 **손목을 치면** 후도는 뒤로 크게 물러나며 칼을 낮추고, 다시 머리를 공격하면 우 전방으로 나가며 **머리 타격**.

(대의 선으로 후도 승리)

죽도 제10본 실기 내용	
후도(흰 도복)	**선도**(검은 도복)

1. 선도는 일족일도의 거리에서 기회를 보아 한 발 들어가며 후도의 손목을 크게 친다. 이때 후도는 정면 뒤로 일보 물러나며 죽도를 약간 내리면서 상대의 공격을 피한다. 이어 선도가 한발 들어가며 크게 들어 두 번째 머리 공격을 하면, 후도는 약간 오른쪽으로 비스듬히 앞으로 나가며 선도의 머리를 동시에 크게 들어 친다. 선도의 칼은 허공(머리높이)에 후도의 칼은 상대의 머리 위에 있다. 이때 선도는 '손목'과 '머리', 후도는 '머리'라는 기합을 넣는다.

2. 이어 후도의 주도로 선도 후도 동시에 원위치 한다.

1) 선도의 손목과 머리를 친 선의 죽도는 정중선을 벗어나지 않는다.
2) 선도와 후도는 오른발부터 들어가며 머리를 친다.
3) 후도의 물러감과 나아감이 두 박자로 끊어지지 않도록 한다.
4) 후도가 물러날 때에도 기세는 선도와 대등하며 즉시 반격할 수 있는 심신의 준비가 되어 있어야 한다.

선도는 기회를 보아 죽도를 들어 크게 손목을 치자

후도는 뒤로 죽도를 빼어 피한 후 다시 선도가 머리를 공격하자 칼을 들어

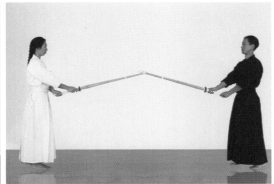

선도의 머리를 친 후 원위치한다.

선도 후도 중단에서 칼을 꽂고 뒤로 물러난다.

선도 후도 뒤로 5보 물러나 입례의 위치에서 마주한다.

선도 후도 상호 인사 후에 연무를 종료한다.

감사의 글

책을 낸다는 것은 흥미 있는 일이지만 두려운 일이기도 하다. 우선 저자가 그러한 자격과 위치에 있는지가 문제이겠고, 출판 후 독자들의 평가는 늘 두려움의 대상이기 때문이다. 필자가 젊은 교수 시절에 외국자료를 분석하여 첫 저서를 준비하고 있었다. 이를 들으신 선친께서 필자에게 "그 책 너 아니면 한국에 또 낼 사람이 없나?"라고 물으시기에 아니라고 답했더니, 그 즉시 "그럼 하지 마라"라고 하셨고, 이후 필자는 번역작업으로 저술활동을 시작하였다. 그 후 교수재직 시절 많은 저술을 하였지만, 출판한 서적 33권의 대부분은 필자의 전공 분야에 기초하여 분담한 번역서나 공동서적이었다. 선친의 엄격한 가르침에 감사드린다.

190

2011년『검도는 평생친구』에 이어, 이번 두 번째 검도본에 관한 서적인 이 책은 정년(2015년)퇴임 후 몇 년을 준비하여 출판하는 것이지만, 사실은 그보다 훨씬 더 전인 1995년, 2005년, 2011년 대학검도보에 게재한 검도본에 관한 필자의 기고가 그 바탕이 되었음을 밝힌다. 논쟁의 여지가 있는 이론적인 측면은 2018년 대한검도학회지(3선에 관하여)와 대학검도보(음양세에 관하여)에 논쟁과 문제점을 정리하여 각 한편씩 기고하였다. 한편, 필자는 1990년 7단 승단 이후 서울시대회, 대학연맹전, 사회인대회, 서울 서초구대회 등에서 여러 차례 본 시범을 할 운 좋은 기회가 있었는데 이를 계기로 많은 지적을 받고 또 스스로 부족함을 깨닫고 본 연구에 착수하게 되었다. 처음 여섯 번의 시범 에는 많은 지적이 있었으나, 그 후 시범에는 다행히 현저히 감소하였다. 일자사(一字師)라는 말이 있다. 한 가지라도 가르쳐 주신 많은 분들에게 감사드린다.

검도본이 우리나라에 처음 도입된 연도는 불확실하지만, 추측컨대 검도도입의 역사와 비슷하지 않을까 생각한다. 19세기 말 격검이 먼저 도입되고 1912년 검도본이 제정되었으니, 아마도 우리나라에도 약 100년 전에 들어오지 아니 하였나 짐작되지만, 기록상으로 나타난 검도본은 1954년 대한검도회 최초의 승단심사 규정이며, 이어

1957년에 발간된 남정보 선생의 저서에 선도 호익룡 후도 김영달 두 분 선생님의 시연 사진이 게재되어 있다. 1966년 겨울 필자가 용산고등학교에서 초단심사를 볼 때 호익룡, 김영달 선생님을 심사위원으로 모시고 1, 2, 3본을 했으며, 그 무렵에는 대한검도회 주관 각종 대회의 식전행사로 검도본이 늘 시연되었다. 가장 많이 하신 분은 도호문, 김영달 두 분 선생님으로 기억된다. 1996년 대한검도회 발간 영상자료에는 김영달, 이종림 두 분 선생님이 각각 선후도를 하였다. 이어 2015년 서병윤 선생님이 개인자격으로 진현진 선생과 선후도로 시연한 DVD를 발간 보급하였다. 한편, 제주도의 김덕선 선생님은 검도본에 대한 남다른 열정을 가지고 1993년 미출판 인쇄물을, 2002년 6월부터 10회에 걸쳐『월간검도』에 기고하였으며, 선후도 모델은 박학진, 진현진 두 분 선생이었다. 이 무렵 필자는 김 선생님의 서귀포 자택을 총 5회 방문하여 검도본에 관한 고견을 경청하며 많은 대화를 나누었다. 그 후 필자는 검도에 관한 다양한 외국서적 및 자료(서신 포함) 또한 분석하였으며 여러 차례 전문가들과의 질의응답을 통해 많은 궁금증을 해소하였다. You Tube에는 수백 개의 검도본 동영상이 떠 있는데 이들 주인공들에게도 감사한다. 선행연구를 행한 모든 선배 제현께 진심으로 감사드린다. 이들이 모두 다 필자의 스승이다.

이제 검도본 서적을 내고자 하는 필자는 선친의 "그 책 너 아니면 한국에 또 낼 사람이 없나?" 질문에 답해야 한다. 네, 아버지! 1953년 대한검도회 창립 이래 아무도 검도본에 관한 단행본을 내지 않았고 서점에서 검도본에 관한 서적을 구입할 수 없으며, 도서관에서 빌려볼 수도 없다고…. 검도본 보급을 위해 꼭 필요하다고 말입니다.

이제 우리를 야단칠 어른들도 몇 분 안 계시고 우리가 벌써 원로 소리를 듣고 또 별로 아는 것도 없으면서 책을 내게 되었으니 격세지감을 느낀다. 그러나 기왕에 책을 낼 바엔 그 분야의 발전에 기여할 수 있어야 할 텐데, 걱정이다. 이를 위하여 필자는 우선 국내에서 먼저 연구한 분들의 선행연구를 공부하고, 그들 연구의 바탕 위에서 독자들이 이해하기 쉽게 풀어 쓰고 검리에 맞게 합리적으로 설명하고자 노력하였다. 그리고 사진과 그림을 곁들여 시각적인 효과 또한 도모함으로 기존 연구와 차별화하였다. 외국서적도 참고하였으며 이들보다 한 걸음 더 나가기 위해 노력하였다. 죽도만 사용해본 초보자들도 쉽게 본에 접근하게 하기 위하여, 검도본의 입문과정이라고 할 수 있는 죽도본을 처음으로 만들어 보았다. 검도본뿐만 아니라 서적발간을 계기로 국내에서는 처음으로 초청 '검도본 대회'를 모교인 용산고등학교에서 시범적으로 개최하여 검도본 보급에 앞장서 고자 계획하고 있다.

검도본을 배우고 익히는 것은 즐겁지만, 책을 쓴다는 것은 녹록치 않은 일이었다. 기존의 연구를 분석하고 서로 다른 차이점과 옳고 그름을 가려내고 필자의 의견 또한 개진해야 된다. 아시는 바와 같이 검도본은 1912년 제정 이래 수차례 개정되어 왔으나, 저서마다 개정된 내용의 이해가 같지 않으며, 글로 적혀 있는 것과 실기가 다른 경우가 많다(대표적인 경우가 대도 7본). 뿐만 아니라 각 유파별로 고류형이 남아 있다 보니 검도본에 대한 해석이 다른 경우가 허다하다. 미국의 경제학자가 100인이면 경제학설은 101가지 라는 말과 같이, 검도 고단자의 본 시연이나 이론은 각인각색이다. 검도를 오래하다 보면 나름대로의 검도가 체화되고, 이것이 검도본으로 표출되는 과정에서 어느 정도 서로 다름은 자연스러운 일이라고 할 수도 있지만, 자기류의 검도본을 고집하는 것은 경계해야 될 것이다. 필자 또한 집필과정에서 내 나름대로의 해석을 특히 조심하였다. 검도본 연구가 어려웠던 이유 중 하나는 우리의 것이 아니었기 때문일 것이다. 수입학문인 경제학을 전공하면서 평생 영미 등 외국의 이론들을 들여와 응용만 했을 뿐 새로운 이론을 개발하지는 못했는데, 검도본 연구에서도 그와 똑 같은 처지가 되었다. 이론 개발국과 우리나라의 문화와 환경이 다른 점을 감안하면 경제학뿐만 아니라 검도본에서도 그대로의 적용이 어려운 부분도 있었던 것 같다. 본에서 예를 들면, 음양오행의 적용이나 마음 기준의 '선선의 선'이라는 것들은 우리나라에서 적용하기가 힘들었다. 용어 또한 문제였다. 칼의 세부 명칭이나, 위힐, 절결 등 용어와 중단의 다른 명칭인 청안, 정안, 평청안, 평정안 등도 혼란스럽다.

집필과정에서 수많은 의문점을 처음엔 23개, 나중에 13개. 7개, 6개로 정리하여 줄여나갔지만, 새로운 의문점이 또 발생하면서 꼬리에 꼬리를 물고 이어 가는 느낌이었다. 이러한 필자의 고민 또한 4부에 수록하였다. 그런데 문제는 이를 책임있게 답할 수 있는 사람이 없다는 것이다. 본을 만든 사람과 그 제자들도 다 작고 하고 이제는 죽도로 검도를 배운 사람들이 본을 익혀 가르치고 있으니, 생사의

고비를 넘나드는 전쟁터의 기법들을 누가 감히 말하겠는가? 그래서 필자가 내린 결론은 검도본은 과학(science)이 아니라 문화(culture)이자 전통(tradition)이라고…. 우리

나라에서도 본국검이나 조선세법에서 이해되지 않는 부분이 발견되지만, 후세 사람이 고칠 수가 없다. 옛 검법의 진면목은 알 수 없지만, 어렵게 유추하여 재현할 뿐이지 않는가?

비재(非才)한 필자가 많은 분들을 귀찮게 했으며 또 많은 분들에게 은혜를 입었다. 고교시절 신준식 선생님은 본에서 소걸음과 반달모양을 강조하셨고, 대학시절과 그 이후 줄곧 이종림 선생님께 배웠고 오랜 세월 수 많은 질문에 흔쾌히 답해 주심에 감사드린다. 김영달 선생님은 강약완급을, 호익룡 선생님은 기합을 강조하셔 늘 이를 잊지 않고 있다. 다른 선생님들은 본을 잘 하시겠지만 잘 가르치지는 않으신 것 같다.

그 다음은 연무를 함께 한 서병윤 선배님과 진현진, 허광수, 김인범 8단 등 선생께 감사드린다. 또한 많은 자료를 제공한 전광희 선배님, 문성빈 교수, 이상지, 이상국 선생 등 여러 분들에게도 감사드린다. 문성빈, 이상지 두 분은 성가신 일본어 번역을 도와주었으며, 류점기, 박상혁 두 분 선생은 좋은 질문을 해 주었으며 뛰어난 문장력으로 전체 내용을 수차례 다듬어 주었다. 수시로 연습상대가 되어주었던 김동완, 박준, 박홍범, 김창기, 박소용, 김상현, 이영철 사범에게도 고마운 마음을 전한다. 또한 모델로 수고한 정재욱, 양광식, 황윤미 사범의 노고를 치하한다. 동갑 8단인 세끼야마, 하나자와 선생과의 본 연습은 한일간의 색다른 경험으로 큰 도움이 되었다. 사또 나리야끼 회장, 간자키 교수, 이토 부회장, 야마오카 사범 등의 자료 도움에도 감사드린다. 생면부지의 젊은 오카다 8단은 친구 이토 부회장을 통해 성가신 수많은 질문에 답해주고 좋은 자료를 수차례 보내 주었다. 국적을 초월한 그의 검도사랑에 심심한 사의를 표한다. 사진작가 박명운 사범과 성가신 작업인 일러스트레이션을 맡아 육아 중 바쁜 틈을 이용해 멋있게 그려준 황윤미 사범에도 감사하며, 이충희 교수는 대학검도보에 연재된 그의 본 그림 사용을 기꺼이 허락해주었다. 까다로운 편집작업으로 고생하신 호근환 선생님 그리고 정규호 박사에게도 감사드린다. 책을 내면서 나이 일흔에 '천지(天地)는 어질다(仁)'는 사실을 다시 깨달았다. 검도야! 고맙다.

193

참고 문헌

김기웅	『무기와 화약』, 교양국사총서, 1977.
김덕선	『알기쉬운 劍道本 解說書』, 미발행인쇄물, 1993.
김덕선	"김덕선의 본(本)연구",『월간 劍道』, KUMDO June 2002-March 2003 10회 연속게재.
김영달	"검도의 본 해설", 1986년 충북청주강습회 교재용, 1986. 10. 18(미발행원고).
김영학	"검도본의 변천과정에 관한 연구",『대한무도학회지』, 2000년, 제2권, 제1호
김응문	『검도교본』, 신조사, 1971.
남정보	『劍道敎範』, 남영인쇄공장, 단기 4280년(1957).
대한검도회	『검도DVD-검도입문에서 실전법까지』, 김영달 / 이종림 검도본 시연, 1996.
서병윤	『 검도DVD-쉽게 배우는 검도의 본, 본국검』, 이로제, 2015. 07.
이종림	『검도교본』, 삼호미디어, 2006.
이종림	"검도의 역사성에 관한 이해",『검도회보』, 2018년 겨울호 통권 118호, 대한검도회.
이종원 외	"그림으로 본 검도본",『대학검도보』, 1995년 통권 제5호.
이종원 외	"승단준비 : 검도본",『대학검도보』, 2002년 통권 제17호.
이종원 외	"검도본의 의의와 문제점 그리고 실기",『대학검도보』, 2011년 통권 제27호.
이종원	"대도 4본의 자세명칭과 음양에 관한 고찰",『대학검도보』, 2018년 통권 제34호.
이종원	"한-일간 3선 논쟁에 관한 소고",『대한검도학회지』, 2018년 11월 제29권 제1호.

미야모토 무사시　　『오륜서- 전략경영』, 안수경 옮김, 사과나무, 2001(제5쇄).

전일본검도연맹　　『日本劍道形解說書』, 昭和56년(1981) 12월 7일 制定.

전일본검도연맹　　『劍道講習會資料』, 平成29년 4월 1일(2017).

전일본검도연맹　　『검도용어사전』, 평성 23년(2011년, 제2판 제1쇄).

Inoue, Yoshihiko, Kendo Kata
: Essence and Application(translated by Alex Bennet), Kendo World
Publication, 2003.

Satou, Nariaki(All Japan Kendo Federation)
Nippon Kendo Kata- Instruction Manual, 2002.

岡田守正
"頭인가 面인가?"『劍道日本』, 2010년 8월.

高田佐三郎
『劍道敎本』, 島津書房, 1991년(원발행 1915년, 2002년 재발행).

三橋秀三
『劍道』, 大修館書店, 1972(3판).

重岡昇 監修
『日本劍道形』, 劍道日本編輯部 구성,
1982년 발행, 1987(증보판), 평성 27년(2015) 9월 25일(제10쇄).

Memo

Memo

기검체일치의 검도본

초판발행일 | 2021년 3월 1일

지 은 이 | 이종원 (professore@naver.com)
펴 낸 이 | 배수현
편   집 | 호근환 (keunhwanho@hanmail.net)
디 자 인 | 박수정
삽   화 | 이충희, 황윤미
사   진 | 박명운
동 양 화 | 신동임

펴 낸 곳 | 가나북스 www.gnbooks.co.kr
출 판 등 록 | 제393-2009-000012호
전   화 | 031) 959-8833(代)
팩   스 | 031) 959-8834

ISBN 979-11-6446-030-4(03690)